湖北省学术著作
Hubei Special Funds for
Academic Publications 出版专项资金

丛书主编 李建中

"观"之观

马洁 李培蓓 著

WUHAN UNIVERSITY PRESS
武汉大学出版社

图书在版编目（CIP）数据

"观"之观/马洁,李培蓓著.—武汉：武汉大学出版社,2022.4
中华字文化大系/李建中主编
湖北省学术著作出版专项资金资助项目
ISBN 978-7-307-22959-4

Ⅰ.观… Ⅱ.①马… ②李… Ⅲ.汉字—文化研究 Ⅳ.H12

中国版本图书馆 CIP 数据核字（2022）第 038820 号

责任编辑:白绍华　　　责任校对:李孟潇　　　版式设计:马　佳

出版发行：**武汉大学出版社**　　（430072　武昌　珞珈山）
　　　　（电子邮箱：cbs22@whu.edu.cn　网址：www.wdp.com.cn）
印刷：武汉中远印务有限公司
开本：720×1000　1/16　印张:11.25　字数:156 千字　　插页:1
版次:2022 年 4 月第 1 版　　2022 年 4 月第 1 次印刷
ISBN 978-7-307-22959-4　　定价:49.00 元

总序　字孳字乳的文化：中华文化的"字"生性特征

李建中

人类轴心期五大文明(古巴比伦、古埃及、古希腊、古印度、古中国)，惟有华夏文明传承至今，生生不息，个中缘由非常复杂，但文字的特性无疑是重要因素之一。同为轴心期文明，拉丁语的最小单位(字母)是无意义的，而汉语的最小单位(包括部首在内的字)则能显现独立甚至全息的意义，一字一世界，一字一意境。在漫长的历史演变之中，方块字既没有被梵化，也没有被拉丁化，中国文化因之分久必合，华夏文明因之亘古至今。

东汉许慎(约56—147)《说文解字·叙》曰："字者，言孳乳而浸多也"①，孳者孳生，乳者哺乳。从观念和思想的层面论，方块字是中华文化之母，不仅孕生而且哺育了中华文化，会意指事、形声并茂地建构起中华文化的意义世界。《周易》讲"鼓天下之动者存乎辞"，许慎讲"盖文字者，经艺之本，王政之始"，刘勰讲"心生而言立，言立而文明"，金圣叹讲"以文运事，因文生事"，一直到鲁迅讲"自文字至文章"和陈寅恪讲"凡解释一字，即是作一部文化史"，均可视为从不同层面揭示中华文化的"字"生性特征。

中华文化产生、传承并能在长久历程中与多种外来文化交流而生生

---

① （汉)许慎撰，(清)段玉裁注：《说文解字注》，上海古籍出版社1981年版，第754页。

不息，与汉字密切相关。汉字是一种世界上非常独特的文字，每个汉字独立且集音形义于一体。在上古，汉语以单音词为主，其中有些单音词成为中国文化的核心词，作为中华文化之元（本原与起源），在其后不断的演变中扩展、丰富。我们这套《中华字文化大系》，精选奠基华夏文明、代表中国文化特征的 100 个汉字（又可以称为"中华文化关键词"或"中华文化核心词"），一个字一本书，对每个字既作"原生—沿生—再生"之源流清理，又作"字根—坐标—转义"之义理阐释，从而在文化思想、社会政治、智性审美、民族心理乃至民风民俗、日常生活等多元面向，标举中华文化的"字"生性特征，建构中华文化的话语体系，彰显中华文化的巨大影响力和恒久生命力，为海内外广大读者奉献中华字文化高远的美学意境和深广的意义世界。

南朝刘勰（约 465—521）《文心雕龙·序志》曰："若乃论文叙笔，则囿别区分，原始以表末，释名以章义，选文以定篇，敷理以举统，上篇以上，纲领明矣。"①"原始以表末"四句，既是《文心雕龙》的理论纲领，又是刘勰文学理论批评的基本原则。刘勰的"文学"是广义的文学，与我们今天所说的狭义的"文化"（即小文化或称观念形态的文化）大体上是相通甚至是重合的。因此，刘勰《文心雕龙》"论文叙笔"的四项基本原则，完全适用于我们这套《中华字文化大系》对汉字的诠解与阐释。字文化大系各分册对所选汉字（以下简称"本字"）的解读，大体上在"释名章义"、"原始表末"、"选文定篇"和"敷理举统"等层面深入展开。

第一，释名章义。名不正则言不顺，言不顺则事不成。"字"的定义（内涵与外延）尚未厘清，文化阐释从何谈起？本大系所精选的汉字，大多是上古时代以单个方块字为词的核心观念或术语，既有形、声、义三大基本要素，又有从殷商卜辞到六国文字到篆、隶、草、行的历史演变，其语义还有词根义、引申义、转借义、修辞义以及词性活用的不

---

① 本书所引《文心雕龙》，均据范文澜：《文心雕龙注》，人民文学出版社1958 年版。下不另注。

同。凡此种种，各分册在诠解本字时，都是需要讲清楚的。

第二，原始表末。不述先哲之诰，无益后生之虑。本字的语义嬗变，既标识不同时代的文化观念，又贯通不同时代的文化命脉，故须从历史的层面对本字的语义嬗变作出阶段性清理和分时段呈现，尤其要注意在外来文化（如古代的佛学和近现代的西学）影响下，本字与异域文化的冲突与融合。

第三，选文定篇。单个的字，活在文本之中。这里所说的"文本"，既包括传世文书如文史哲经典等，也包括出土文物如简帛、铭器等，还包括民间的和日常生活的口传文化。各分册对本字的解读，须借助多类文本以及由文本所构成的复杂语境，依凭丰富多元、详实鲜活的语言材料，叙述并阐释本字所涵泳的智性审美、民族心理乃至民风民俗等多重旨趣。

第四，敷理举统。本大系所精选的汉字，大多具有全息特征，一字一意境，一字一世界，会意指事、形声并茂地呈现出中华文化高远的美学意境和深广的意义世界。故各分册对本字的诠释和解读，还需要从思想文化的深度，剖析本字所包蕴的哲学、伦理、宗教、政治、文学、艺术等多重语义内涵，概括并揭示本字对于中国文化乃至世界文明的独特价值和意义。

在囊括上述四项基本内容的前提之下，本大系的各个分册的入思路径、整体框架、章节设计乃至撰著风格等，既因"字"（本字）而异，又因"人"（著者）而异，但在总体上具有鲁迅《汉文学史纲要》所称颂的汉字三美："意美以感心，一也；音美以感耳，二也；形美以感目，三也。"

一、文字乃经艺之本，王政之始

许慎的《说文解字》，其《叙》称"文字者，经艺之本，王政之始"。陈梦家（1911—1966）《中国文字学》指出，汉代以前，"文字"的名称经历了三个时期：首称文字为"文"（如《左传》有"夫文止戈为武"、"故文反正为乏"和"于文皿虫为蛊"），次称文字为"名"（如《论语》"必也正名乎"皇疏引郑注"古者曰名，今世曰字"），末称"文""名"为"文字"（如秦始皇《琅琊台刻石》"同书文字"）并沿用至今。① 章太炎（1868—1936）《国故论衡》曰："文学者，以有文字著于竹帛，故谓之文。论其法式，谓之文学。"②这里所说的"文学"是广义上的，与狭义的"文化"（即观念形态的文化或曰小文化）大体重合。从字面上看，章太炎似将文化与文字等同；究其奥义，则是从源头（竹帛）处找到汉语文化与汉语文字的内在关联。章太炎又称"凡文理、文字、文辞，皆称文"，可见"文字"还包括了"名"、"言"、"辞"等。在中华文化的产生、生成乃至生生不息之中，汉语的文字扮演着"名"正言顺、一"言"九鼎和"辞"动天下之重要角色。

章太炎《国故论衡》称"榷论文学，以文字为准"③，"以文字为准"是中国文化及文学研究的一大传统，这里的"准"既有标准、法式之义，亦有本根、源起之义。刘勰的"文章"颇类似于章太炎的"文学"，也是广义上的，与"文化"重合。刘勰著《文心雕龙》，专门辟有《练字》一篇，叙述"字"的历史，表彰"字"的伟绩，褐橥"字"的诸种功能。《练字》篇论"字"从仓颉造字说起："仓颉造之，鬼哭粟飞；黄帝用之，官治民察。"仓颉造字是华夏文明史上伟大的文化事件，动天地泣鬼神，孳文明乳文化。汉字的历史也就是中华文化的历史，汉字的功绩也就是中华文化的功绩，故《文心雕龙·序志》讲"文"之功德时称"君臣所以炳焕，军国所以昭明"，亦即《练字》所言"官治民察"。刘勰之前，东汉许慎曰："盖文字者，经艺之本，王政之始，前人所以垂后，后人所以识古。故曰'本立而道生'，'知天下之至啧（赜）而不可乱也'。"④许慎

---

① 陈梦家：《中国文字学》，中华书局 2006 年版，第 255 页。

② 章太炎：《国故论衡》，上海古籍出版社 2003 年版，第 49 页。

③ 章太炎：《国故论衡》，上海古籍出版社 2003 年版，第 49-50 页。

④ （汉）许慎撰，（清）段玉裁注：《说文解字注》，上海古籍出版社 1981 年版，第 763 页。

"故曰"所引两段文字，前者出自《论语·学而》，后者出自《周易·系辞上》。由此可见，从《论语》到《易传》，从《说文解字》到《文心雕龙》，中华元典对"字"之文化本根义的体认是一以贯之的。

《文心雕龙·练字》称"字"乃"言语之体貌""文章之宅宇"，汉语的方块字是言语的生命体，是文章的宅基和家园。《尔雅》有"言者，我也"，"我"以何"言"？字。故《练字》篇说"心既托声于言，言亦寄形于字"。无言，心何以托？无字，言何以寄？《文心雕龙·章句》赞"字"，称其"振本而末从，知一而万毕"，亦即许慎所言"经艺之本，王政之始"。字乃统末之本，驭万之一。《章句》篇胪列"立言"的四大要素（字、句、章、篇），"字"居其首，"字"立其本："夫人之立言，因字而生句，积句而成章，积章而成篇。"无论是单篇的文章还是观念形态的文化，其创制孳乳，其品赏识鉴，都是从一个一个的方块"字"开始。① 在源起与流变、创制与识鉴、传播与接受等多重意义上，"字"皆为文化之"始"或"本"，故在此意义上可以说"字生文化"。

许慎《说文解字》对"字"这个汉字的解释是"乳也。从子在宀下，子亦声"。段玉裁（1735—1815）注曰："人及鸟生子曰乳，兽曰产。引申之为抚字，亦引申之为文字。《叙》云：'字者，言孳乳而浸多也。'"② 字者，孳乳也。"孳"是生孩子，"乳"是哺孩子。由"字"我们想到"孕"，两个汉字都是会意："孕"还只是十月怀胎，"字"则不仅是一朝分娩，更是含辛茹苦地将孩子抚养成人；"孕"还只是怀一个孩子（胎），"字"则是生产并哺育一个又一个的孩子，引而申之，则表明一个字可衍生出许多个词和短语。段玉裁为《说文解字·叙》"字者，言孳乳而浸多"作注时，还将"字"拿来与"名"和"文"相比较，先讲"名者自其有音言之，文者自其有形言之，字者自其滋生言之"，后说"独体曰文，合

---

① 民间将文人著书立说称之为"码字"，将接受者的文化解读称之为"识文断字"，亦可见对文化活动中"字"元素的高度重视。

② （汉）许慎撰，（清）段玉裁注：《说文解字注》，上海古籍出版社1981年版，第743页。

体曰字"，强调的都是"字"的"孳乳""浸多""滋生""合体（再造）"之功能。

当然，许慎和段玉裁说"字"，还只是在小学（文字学）的场域内讨论"字"的孳乳性或繁衍力。如果我们将"字，孳乳也"放在广阔的文化领域，来追问并验明"文字"与"文化"的血缘关系，则不难发现中华文化的字生性特征。《文心雕龙》开篇"原道"，追溯"文"即文化之本原与起源，《原道》篇在为"文"释名以章义即解决了"文"的本原问题之后，继之回答"文"的起源问题："自鸟迹代绳，文字始炳，炎皞遗事，纪在三坟"，从"唐、虞文章"到"益、稷陈谟"，从夏后氏"九序惟歌"到周文王"繇辞炳曜"，从周公旦"制诗辑颂"到孔夫子"熔钧六经"，刘勰为我们描述的这一部上古文化史，分明滥觞于"文字始炳"，分明嬗变为文字的"符采复隐，精义坚深"，又分明完成于先秦圣哲的"组织辞令""斧藻群言"。

《原道》篇的上古文化史在论及商周文化时，称"逮及商周，文胜其质，雅颂所被，英华日新"，这是伟大的《诗经》时代，这是辉煌的风雅颂时代。商周始祖的"英华"记录在《雅》《颂》文字之中。商的始祖是契，契建国于商；周的始祖是后稷，后稷的母亲是姜嫄。再往上追问：契乃谁生？姜嫄如何生后稷？幸好，我们有《诗经》的文字：《商颂·玄鸟》说"天命玄鸟，降而生商"，《大雅·生民》说"（姜嫄）履帝武敏歆，攸介攸止。载震载夙，载生载育，时维后稷"。玄鸟生商（契），姜嫄履帝之足迹而生后稷，这是《诗经》的文字所记录的商周历史。就历史的真实而言，玄鸟不可能生商（契），姜嫄亦不可能履帝迹而生后稷；就文化（神话与传说）的真实而论，"玄鸟生商"、"姜嫄履帝迹生后稷"则不仅是"真"的，更是"美"和"善"的。而关于商周始祖的真善美的历史，与其说是《诗经》的文字所记录，还不如说是《诗经》的文字所创造。关于"字生文化"的例证，除了"玄鸟生商"和"履帝武敏歆"，还可以举出后羿射日、女娲补天、皇英嫔虞、伏羲画卦、仓颉造字……中华文化史上这些动天地泣鬼神的壮美故事，这些孳文明乳文化的伟大事件，无一不是我们的方块字所创造出来的，字生文化是也。

　　"文化"和"文字"的"文"，被许慎解释为"错画也，象交文，凡文之属皆从文"①。东汉的许慎虽读过《庄子》却未见过殷商卜辞，故不知道这个"文"就是《庄子·逍遥游》的"越人断发文身"之"文"。甲骨文中的"文"，从武丁时期到帝辛时期，均有"文身"之义："象正立之人形，胸部有刻画之纹饰，故以文身之纹为文。"②纹身所具有的符号性、象征性、修饰性、结构性和文本化，使得"文"这个独体象形的汉字成为人类最早的文化产品之一，亦成为汉语言"字生文化"的最早例证之一。如果说，人在自己身体上的交文错画是人类最早的文化行为，那么"以文身之纹为文"则是人类最早的文化识鉴和文化交往，是人对"字生文化"的感性鉴赏和理性批评。交文错画着形形色色之"文"的龟甲兽骨，虽然被掩埋在殷商帝辛的废墟之中，但"字生文化"作为华夏文明的重要特征却生生不息，历经数千载而不朽。我们今天从文明、文化、文字、文辞、文献、文学、文章、文艺、文采、文雅等中国文化的诸多关键词之中，从诗、词、歌、赋、曲、文、说、剧、碑、诔、铭、檄、章、奏、书、记等各体文学及文化产品之中，不难窥见掩埋在殷墟小屯的"字生文化"之元素及景观。

二、心生而言立，言立而文明

　　"文字"与"文化"都有一个"文"，"文"既是独体象形的上古汉字的典型代表，也是字生文化的典型例证。《文心雕龙》以"文"肇端(《原道》篇首句"文之为德也大矣")，以"文"终章(《序志》篇末句"文果载心，余心有寄")，可谓始于"文"而终于"文"。《原道》篇追原"文"之"元"(原本与源起)，在很诗意也很哲理地阐释了"天之文"和"地之文"之后，水到渠成地引出"人之文"的定义："心生而言立，言立而文明，

---

① （汉）许慎撰，（清）段玉裁注：《说文解字注》，上海古籍出版社 1981 年版，第 425 页。

② 徐中舒主编：《甲骨文字典》，四川辞书出版社 2006 年版，第 996 页。

自然之道也。""人"（天地之心）诞生了，"字"（语言文字）才会被发明被创立；语言文字创立之后，"文"才会彰显、章明、刚健、灿烂。作为天地之心的"人"，以自己所独创的"字"（"名""言""辞"等），去彰明"自然之道"，这一彰显的过程、结果及其规律就是"文"（文章、文学和文化）。如果说，《原道》篇"鸟迹代绳，文字始炳"，《章句》篇"人之立言，因字而生句""振本而末从，知一而万毕"讲的都是文字对于文化之产生即历史起源的决定性价值，那么这里的"心生言立，言立文明"讲的则是文字对文化之生成即逻辑本原的规定性意义。

鲁迅《汉文学史纲要》亦借刘勰"心生言立，言立文明"论汉语"文章"即狭义文化的本原、起源及流传，其首篇《自文字至文章》讲文字乃文章之始："专凭言语，大惧遗忘，故古者尝结绳而治，而后之人易之以书契"，"文字既作，固无愆误之虞矣"①，连属文字而成文章，即刘熙《释名》所云"会集众字以成辞义"，字生文化是也。汉娜·阿伦特《人的境况》讲人生在世须做三件事：活着，工作着，说（书写）着。② 人的工作，制作出各种文化产品，创造出灿烂的文明。而只有当人类用文字"立言"之时，才真正创造出"人之文"。或者说，人类只有凭借"立言"这种文化行为，才能创造出"言立"的文化。《左传》讲三不朽——立德、立功、立言。就"德"和"功"的历史传承而言，前人如何垂后？后人如何识古？立言。何以立言？言寄形于字，因字而生句。故刘勰的"心生言立，言立文明"是对中华文化"字"生性特征的高度概括。

汉语"文学"一词有文献可征者，始见于《论语·先进篇》："文学：子游，子夏。"孔子（前551—前479）的这两位高足，既不创制诗歌更不杜撰小说，何来"文学"之名？杨伯峻（1909—1992）《论语译注》将此处的"文学"释为"古代文献，即孔子所传的《诗》《书》《易》等"③。这里的

① 鲁迅著：《鲁迅全集》第九卷，人民文学出版社1982年版，第343-345页。
② ［美］汉娜·阿伦特著，王寅丽译：《人的境况》，上海人民出版社2009年版，第14-17页。
③ 杨伯峻译注：《论语译注》，中华书局1980年版，第110页。

"文学"实际上是我们今天所说的"文献学"，是观念形态之"文化"的重要组成部分。中国古代，小学（文字学）是经学的根基（故十三经有《尔雅》），经学家首先是小学家（字乃经艺之本）。《世说新语》据《论语》孔门四科而列"文学"门，叙述的是马融（79—166）、郑玄（127—200）、何晏（？—249）、王弼（226—249）、向秀（约 227—272）、郭象（252—312）这些学者注经的故事。精通小学和经学的文化大师们，统统被划归于孔儒的"文学"之门。

　　夜梦仲尼、以孔子为精神导师的刘勰本来是要去传注儒家经典的，但他觉得自己在经学领域很难超过马融、郑玄，就转而去撰写《文心雕龙》，其《序志》篇坦陈："敷赞圣旨，莫若注经；而马郑诸儒，弘之已精，就有深解，未足立家。唯文章之用，实经典枝条，五礼资之以成，六典因之致用，君臣所以炳焕，军国所以昭明，详其本源，莫非经典。"可见以"敷赞圣旨"即弘扬孔儒文化为人生理想的青年刘勰，实际上是从经学（包括小学）切入"文"的研究，或者说是从经学（包括小学）与文章之关系入手建构其"文"本体。以五经为标准来考察他那个时代的"文"，刘勰很容易发现"（时文）去圣久远，文体解散，辞人爱奇，言贵浮诡，饰羽尚画，文绣鞶帨，离本弥甚，将遂讹滥"。坚守儒家文化的经学立场和小学本位，青年刘勰敏锐地看出他那个时代的"文"（时文）在"言"与"辞"（即语言文字）方面出了大问题，而问题之要害则是严重背离了儒家五经"辞尚体要"的传统："盖周书论辞，贵乎体要；尼父陈训，恶乎异端：辞训之异，宜体于要。于是搦笔和墨，乃始论文。"批判时文的"言贵浮诡"，回归元典的"辞尚体要"，竟然成了刘勰撰写《文心雕龙》的文化心理动因。

　　如果说《序志》篇是在"文心（为文用心）"的深潜层次讲"辞尚体要"，那么《征圣》篇和《宗经》篇则是在"雕龙（创作技法）"的精微领域讨论如何以圣人和经典为师来"辞尚体要"。二者虽有巨细之别，但其经学立场和小学本位（即"字本位"）则是一致的。《征圣》篇连续三次讲到"辞尚体要"，要求文学家学习春秋经的"一字以褒贬"和礼经的"举轻以包重"，其文字方可"简言以达旨"；学习易经的"精义以曲隐"和左传的"微辞以婉晦"，其文字方可"隐义以藏用"；学习诗经的"联章以积句"和礼经的"缛说以繁辞"，其文字方可"博文以该情"。《宗经》篇则针对"励德树声，莫不师圣，而建言修辞，鲜克宗经"之时弊，大讲特讲儒家五经在"言""辞"即文字上的优长：易经的"旨远辞文，言中事隐"，诗经的"藻辞谲喻，温柔在诵"，书经的"通乎尔雅，文意晓然"，礼经的"采掇片言，莫非宝也"，春秋经的"一字见义，五石六鹢，以详略成文"。"五经之含文也"，宗经征圣落到实处，是要学习五经的文字功夫即雕龙技法，这也是刘勰撰著《文心雕龙》的用心之所在，苦心之所在。

青年刘勰"征圣立言"的经学立场不仅铸就其文学本体观的"字本位"，同时也酿成其文学史观的"字本位"，即从"字"的特定层面来考察文学的历史嬗变。《章句》篇讲诗歌的演变，称"笔句无常，而字有条（常）数"，诗歌句子的变化似无常规，而（每一句）字数的多少则是有规律可循的："四字密而不促，六字格而非缓，或变之以三五，盖应机之权节也。"在刘勰的眼中，中国古代诗歌的发展演变史，落到实处，就是"字"数之多少的应变史："二言肇于黄世，竹弹之谣是也；三言兴于虞时，元首之诗是也；四言广于夏年，洛汭之歌是也；五言见于周代，行露之章是也。六言七言，杂出诗骚；两体之篇，成于西汉。情数运周，随时代用矣。"《明诗》篇对诗歌史的描述，也是以"字有常数"为演变规律的："四言正体，则雅润为本；五言流调，则清丽居宗。……至于三六杂言，则出自篇什；离合之发，则明于图谶；回文所兴，则道原为始；联句共韵，则柏梁余制。巨细或殊，情理同致，总归诗囿，故不繁云。"总之，一时代有一时代之诗歌，彼一时代与此一时代的诗歌之异，或短或长，或密或疏，或促或缓，或多或寡，完全取决于字数的或增或减。王国维《人间词话》说"著一字而境界全出"，对于诗歌创作而言，增（或减）一字则格调迥别、境界迥异，"字"之多寡，岂能以轻心掉之？

三、鼓天下之动者存乎辞

《周易·系辞上》讲到《周易》的四大功用，首条便是"以言者尚其辞"①。《周易》的文化符号包括了两大系统：卦爻象系统与卦爻辞系统，借用王弼《周易略例》的话说，前者是"象者，出意者也"，"尽意莫若象"；后者是"言者，明象者也"，"尽象莫若言"②。但是，"象"之出意尽意，完全有赖于"言"之明象尽象，若无卦爻辞的文字阐释，《周易》那么多的卦爻象究为何意是谁也弄不清楚的。因此，《系辞下》要说"是故《易》者，象也；象也者，像也"，《周易》就是象征，象征就是通过模拟外物以喻晓内意，而拟物喻意离开了"辞"是根本无法进行也无法完成的。作为修辞手法，象征有两个端点：一头是物一头是意，物何以达意指意或明意？必须有"辞"，故《周易》的经与传要用"辞"来拟物（人物、事物、景物等）出意（意义、价值、情志等）。《周易》作为中国的文化经典，其生生不息的奥秘在于斯，其动天地泣鬼神的感染力亦在于斯，故刘勰要借用《周易》的话来浩叹："鼓天下之动者存乎辞！"

在因"五经皆文"而征圣宗经的刘勰心目中，《周易》无疑是最好的"文"（即文化经典）之一，故《文心雕龙·原道》讲述上古文明史以《周易》的原创与阐释为主线，所谓"庖牺画其始，仲尼翼其终"。《周易》的创卦者，观物而画卦，"系辞焉以尽其言，变而通之以尽利，鼓之舞之以尽神"；《周易》的观卦者，尚辞而解卦，"观其象而玩其辞"，观察卦爻的象征意味而探究玩味其文辞，或者反过来说，通过品味卦爻辞而领悟其象征及修辞。"辞"对于《周易》的意义是无论怎么强调也不为过分的：无"辞"何以识训诂？无"辞"何以明象征？无"辞"何以成易道？无"辞"何以定乾坤？

---

① 本书所引《周易·系辞传》，均据（清）阮元：《十三经注疏》，中华书局1980 年版，第75-92 页，下不另注。

② （魏）王弼注，楼宇烈校释：《王弼集校释》下册，中华书局 1980 年版，第609 页。

　　《周易》是象思维和象言说，而《周易》的象思维和象言说，是靠"辞"（小学之训诂加上文学之修辞）来完成的。受《周易》的影响，中国古代文化历来有"尚辞"之传统，笼统而言是讲究语言文字的艺术，具体而论是注重象征、隐喻、比兴、夸饰等修辞手法。《文心雕龙》创作论二十多篇，有超过一半的篇幅是专门谈"字"说"辞"的：属于谈"字"（即讨论语言文字）的篇目有《声律》《章句》《丽辞》《练字》等，属于说"辞"（即讨论文章修辞）的有《比兴》《夸饰》《事类》《隐秀》等，属于通论二者的有如何通变与定势，如何指瑕与附会，如何镕裁与总术。广而论之，中国古代文论的批评文本，数量最巨的是历朝历代的诗话、诗式、诗格、诗法等。明清以降，继海量的"规范诗学"或"修辞诗学"，又出现热衷于作法和读法的小说戏曲评点。金圣叹《第五才子书》讲《水浒传》的创作是"因文生事"，"只是顺着笔性去，削高补低都由我"①，故"因文生事"是在叙事层面对"字生文化"的经典表述。

　　汉语的方块字孳生了文化，也哺乳了文化，字是文化之母。就"文字"创制与"文化"创造之关系而言，汉字的六书作为"字"的构造规律，深情地也深度地哺乳了中华文化，并成为观念形态之文化的创造规律。刘歆、班固将"象形"置于六书之首，并将六书前四项表述为"象形""象事""象意""象声"②，无意中触到字乳文化之要害。鲁迅《汉文学史纲要》亦论及"六书"尤其是"象形"与文化的关系："文字初作，首必象形，触目会心，不待授受，渐而演进，则会意指事之类兴焉。"③

　　我们以文字与文学的关系而论，汉字六书对汉语文学的孳乳，若概而言之，则是鲁迅所言"意美以感心，一也；音美以感耳，二也；形美

———————

　　① 陈曦钟、侯忠义、鲁玉川辑校：《水浒传会评本》上册，北京大学出版社1981年版，第16页。

　　② （汉）班固撰，（唐）颜师古注：《汉书》第6册，中华书局1982年版，第1720页。

　　③ 《鲁迅全集》第九卷，人民文学出版社1982年版，第344页。

以感目，三也"①。若分而言之，其"象形"之"画成其物，随体诘诎"既是汉字区别于拉丁文的标志性特征，也是文学的标志性特征，方块字的象形孳乳了文学的形象性和意境化，此其一。如果说"指事"的"视而可识，察而见意"，养育了文学之"赋"的直书其事，体物写志；那么，"比类合谊，以见指㧑"之"会意"，与"本无其字，依声托事"之"假借"，则分别孳乳了文学的"比显"与"兴隐"，此其二。此外，"转注"的"同意相受"启迪了文学的互文性，而"形声"的"取譬相成"成就了文学的谐音之趣与声韵之美，此其三。至于具体的创作过程之中，文学家如何推敲，如何练字，如何捶字坚而难移，如何语不惊人死不休，亦可见出"字"对于文学的特殊意义。

被称为现代语言学之父和结构主义之鼻祖的费尔迪南·德·索绪尔（1857—1913），视"文字"为"语言"的表现或工具；与此同时，索绪尔又不得不承认："书写的词跟它所表现的口说的词紧密地混在一起，篡夺了主要的作用；人们终于把声音符号的代表看得和这符号本身一样重要或比它更加重要。"②把书写的词即文字看得比口说的词即言语更加重要，这在表音体系（如拉丁语）中或许不太正常，但在表意体系（如汉语）中却是非常正常也是非常真实的。

或许是看到了表意体系的这种独特性，宣称"我们的研究将只限于表音体系"③的索绪尔，却在《普通语言学教程》中用了整整一节的篇幅，专门讨论表意体系中"文字的威望"及其形成原因："首先，词的书写形象使人突出地感到它是永恒的和稳固的，比语音更适宜于经久地构成语言的统一性"；其次，"在大多数人的脑子里，视觉印象比音响印象更为明晰和持久"；再次，"文学语言更增强了文字不应该有的重要

---

① 《鲁迅全集》第九卷，人民文学出版社 1982 年版，第 344 页。
② ［瑞士］费尔迪南·德·索绪尔著，高名凯译：《普通语言学教程》，商务印书馆 1980 年版，第 48 页。
③ ［瑞士］费尔迪南·德·索绪尔著，高名凯译：《普通语言学教程》，商务印书馆 1980 年版，第 51 页。

性。它有自己的辞典，自己的语法"，并最终形成自己的"正字法"，"因此，文字成了头等重要的"；"最后，当语言和正字法发生龃龉的时候，除语言学家以外，任何人都很难解决争端。但是因为语言学家对这一点没有发言权，结果差不多总是书写形式占了上风，因为由它提出的任何办法都比较容易解决。"①我们看索绪尔从逻各斯中心主义立场出发的对"文字威望"的批评，在某种意义上恰好是对汉字这种典型的表意体系的表扬。书写形象的永恒和稳固，视觉形象的明晰和持久，文字威望对语言统一性的塑造和维护，尤其是文学语言如何以"头等重要"的身份来解决文字与语言的矛盾等，表意体系的这些特征及优长，构成了"字生文化"的文字学根基。

解构主义大师、后现代理论家雅克·德里达（1930—2004），其《论文字学》解构索绪尔语言学的二分结构，认为"文字并非言语的'图画'或'记号'，它既外在于言语又内在于言语，而这种言语本质上已经成了文字"②，故"文字学涵盖广阔的领域"，甚至可以用文字学替代语言学，从而"给文字理论提供机会以对付逻各斯中心主义的压抑和对语言学的依附关系"③。逻各斯中心主义又称语音中心主义，声音使意义出场，不同于汉字的书写使意义出场。德里达《论文字学》在批评索绪尔对文字与言语作内外之分时指出："外在/内在，印象/现实，再现/在场，这都是人们在勾画一门科学的范围时依靠的陈旧框架。"④我们今天研究中华字文化，应该打破陈旧的框架，以一种跨学科的宏阔视野来说"文"解"字"。

---

① ［瑞士］费尔迪南·德·索绪尔著，高名凯译：《普通语言学教程》，商务印书馆 1980 年版，第 50 页。

② ［法］雅克·德里达著，汪堂家译：《论文字学》，上海译文出版社 1999 年版，第 63 页。

③ ［法］雅克·德里达著，汪堂家译：《论文字学》，上海译文出版社 1999 年版，第 50 页。

④ ［法］雅克·德里达著，汪堂家译：《论文字学》，上海译文出版社 1999 年版，第 45 页。

　　文字乃经艺之本，就人类轴心期文明的典型代表华夏文明而言，以"经艺"为代表的汉语元典，用一个一个的方块字（中华文化关键词或中华文化核心词），建构起轴心期华夏文明的意义世界。中华文化是字孳字乳的文化，华夏文明是字孳字乳的文明。观念意义上的中华文化，其源起是"鸟迹代绳，文字始炳"，其元典是或"一字以褒贬"或"联章以积句"的经艺，其楷模是情见文字、采溢格言、辞尚体要、辞动天下的圣贤文章，其种类是肇于经艺、著于竹帛的所有文体。字生文化，上古汉语的方块字从起源与本原处孳乳了中华文化，孳乳了华夏文明。追问并验明文字与文化的血缘关系，揭示中华文化的"字"生性特征，可为"文化"的释名章义，为文化研究的选文定篇，为文化理论的敷理举统，乃至为文化史的原始表末，提供新的路径并开辟新的场域。

前言　蔚为大观，叹为观止

临歧路时，你犹豫不决、迟疑观望；初来都市，鳞次栉比的高楼大厦，宏伟壮观，让你叹为观止；纷繁的世事，人心难测，时常产生雾里观花之感；快节奏的生活，对于细微的美好你无暇细察，走马观花。内心浮躁，静夜辗转难眠，返观内照，渐得平和。

"观"是现代汉语中的常见字，所组成的词汇十分丰富，运用频繁，如对事物的看法、认识：观点、观念、主观、客观、世界观，等等。从文化的角度来看，"观"也是中国古代文化的一个关键语汇，散见于各类文化元典中且意蕴丰厚。

道家经典《老子》第一章载："无名天地之始，有名万物之母。故常无欲，以观其妙；常有欲，以观其徼。此两者同出而异名，同谓之玄。玄之又玄，众妙之门。"儒家经典《论语》也有"父在，观其志；父没，观其行"（《学而》篇）；佛家用语也说观心（指内观自己的心性）、观法（指探究真理于一心）、观照（用智慧来照明真理）等，还有菩萨名号是"观自在"（即观世音）。"观"屡屡出现在各类文化典籍中，意义不尽相同，却对传统文化产生了深远影响。

成中英先生曾说过："'观'是理解世界上事物的形式和活动的一种重要行为。"①在自然界中，面对事物变幻的波谲云诡时，人们常常百思不得其解，于是就有了神话。神话是"在人民幻想中经过不自觉的艺术方式所加工过的自然界和社会形态"。梁启超在《新史学·历史

---

① 汤一介编：《成中英自选集》，山东教育出版社 2005 年版，第 227 页。

与人种之关系》一文中，首次使用了"神话"一词。神话是原始时代的先民们对其接触的自然现象、社会现象，幻想出来的具有艺术意味的解释和描述的集体口头创作。神话是人类文明共有的文化现象，无论在东方还是在西方，都存在神话。"观"之解与不解，产生了神话这一民间文学形式。

"观正是观察事物之秩序以及确认自我在自然中之位置的第一步。"①随着社会的不断发展，人们在求学、工作、职业发展以及婚恋等方面，要面对的人际关系也越来越纷繁复杂，难以处理，在协调人际关系的同时，人们也在不断找寻着自我的位置，"观"即确定自我存在和定位的一种方式。古代传统文化中，对于个人的存在意义有如下几种观念：

1. 为我

《世说新语·品藻》中记录了一则关于殷浩的故事："桓公少与殷侯齐名，常有竞心。桓问殷：'卿何如我?'殷云：'我与我周旋久，宁作我。'"②东晋名士殷浩，在面对手握重权的桓温咄咄逼人、洋洋自得地诘问时，他铁骨铮铮，言语掷地有声，不仅维护了自己的尊严，高扬了个人的价值，更是显出了他的"识度清远"。

2. 为情

《晋书·王衍传》中说："圣人忘情，最下不及于情。然则情之所钟，正在我辈。"③圣人忘了什么是情，不会被情所缚，近于圣人之人，也不会被情所牵扰而乱心境。为情、为生、为爱为一切的众生，正是我们。我们虽是凡夫俗子，却可以拥有七情六欲。

---

①　闫月珍：《作为道家传统的以物观物与中国诗学美经验》，《浙江学刊》2005 年第 1 期。

②　（南朝宋）刘义庆著，朱碧莲、沈海波译注：《世说新语》，中华书局 2011 年版，第 509 页。

③　许嘉璐主编：《二十四史全译》，《晋书》卷四十三列传第十三《王衍传》，汉语大词典出版社 2004 年版，第 993 页。

3. 为志

许劭少峻名节，好人伦，多所赏识。《后汉书》中载："曹操微时，常卑辞厚礼，求为己目。邵鄙其人而不肯对，操乃伺隙胁劭，劭不得已，曰：'君清平之奸贼，乱世之英雄。'操大悦而去。"①

与"观"有关的词汇丰富，如观看、感观、观念、观照，不胜枚举。与"观"有关的典故甚多，如作壁上观、洞若观火、旁观者清、水月观音等。关于"观"的一切文化现象蔚为大观、叹为观止！

---

① 许嘉璐主编：《二十四史全译》，《后汉书》卷九十八列传第五十八《许劭传》，汉语大词典出版社 2004 年版，第 1378 页。

目　　录

第一章　释“观”

第一节　“观”之形、音、义

在通行的《现代汉语词典》中，“观”的字义就完全等同于“看”，① 即“观”是用眼睛看物象及其变化。但是，“观”字最早见于商代至西周时期，从“观”字在古代典籍中散见各处的用法来分析，其字义极为复杂(图 1、图 2)。

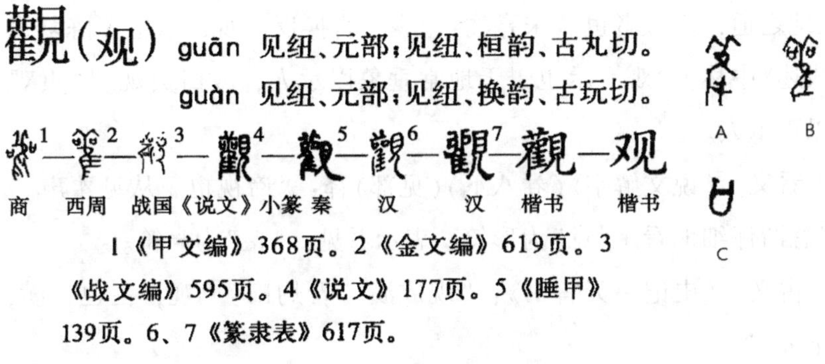
觀(观) guān 见纽、元部；见纽、桓韵、古丸切。
guàn 见纽、元部；见纽、换韵、古玩切。
1 2 3 4 5 6 7
觀—观
商 西周 战国《说文》小篆 秦 汉 汉 楷书 楷书
1《甲文编》368页。2《金文编》619页。3《战文编》595页。4《说文》177页。5《睡甲》139页。6、7《篆隶表》617页。
A B C

图 1　“观”字字形字义演变（李学勤《字源》）

① 中国社会科学院语言研究所词典编辑室编：《现代汉语词典》，商务印书馆 2012 年版，第 478 页。

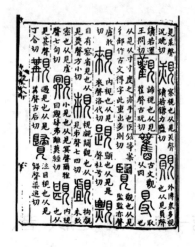

图 2　观(《说文解字》书影)

动词

示义　《周礼·冬官考工记》:"栗氏为量……嘉量既成,以观四国。"注:"以观示四方,使放象之。"《前汉·宣帝纪》:"观以珍宝。"师古曰:"观,示也。"《尔雅·释言》:"观、指,示也。"《易·系辞下》:"天地之道,贞观者也。"朱熹注:"观,官换反。观,示也。"陈梦雷《周易浅述》中称:"观,示也。天地常垂象以示人,故曰贞观。""贞观"意为以正示人。

看义　《说文解字》(卷八下)(见部)释:"谛视也。从见雚声。""谛视"意谓仔细地看。"见"为形符,表示看见;"雚"为声符。

占义　《史记·天官书》:"观成潢。"晋灼曰:"观,占也,潢,五帝车舍。"

游义　《孟子》:"吾何修而可以比于先王观也?"

鉴义　《左传·庄公二十三年》:"君举必书。书而不法,后嗣何观?"鉴戒;借鉴。

形容词

多义　《诗·小雅·采绿》有云:"维鲂及鱮,薄言观者。"笺:观,多也。意谓渔钓收获多。《诗·周颂·臣工》有"奄观铚艾"。笺：奄，久。观，多也。是在丰收的季节，给农民的美好祝愿。《尔雅·释诂》："洋、观、裒、众、那，多也。"

显义 《前汉·严安传》："以观欲天下。"师古曰："显示之，使其慕欲也。"

名词

容饰义 《礼记·月令》："禁妇女毋观，省妇使以劝蚕事。"禁止妇女过度装扮自己，也要减少手里的活计，让妇人能有时间养蚕。这里的"观"就作打扮装饰来说。

阙义 《尔雅·释宫》："正门谓之应门。观谓之阙，宫中之门谓之闱。其小者谓之闺，小闺谓之阁。"《尔雅·释宫》孙炎注："宫门双阙，旧章悬焉，使民观之，因谓之观。"《释名》曰："观者，于上观望也。"意指导引性的标志建筑。

楼义 《广韵》："楼观。"

此外《古今韵会》："道宫谓之观。""观"尚有道教的庙宇之义，另有国名、水名、姓名、人名等义。

因此，"观"绝非仅止于眼睛的看，看的主体与客体，看的原因与目的，看的心情与态度，有意识的看和无意识的目见，形成了千万种的"观"。"观"这个与视觉相关的词就同时具备了对自然万物、人间世象和人生旨趣的观照和思考，语义的重点已经不仅停留在视觉上，更侧重于对世界千差万别的描述，对自然和人事的多样性的认知。

第二节 元典中的"观"之语用

一、形下之观

《论语·里仁》："人之过也，各于其党。观过，斯知仁矣。"《论语·泰伯》："如有周公之才之美，使骄且吝，其余不足观也已。"《论语·颜渊》："夫达也者，质直而好义，察言而观色，虑以下人。"《论语》中所观者为过，为美，为才，为色，而过、美、才、色皆是"万物"，皆为形而下的存在。《论语》中子夏曾问孔子，"巧笑倩兮，美目盼兮，素以为绚兮，何谓也？子曰：绘事后素。曰：礼后乎？"子夏在《卫风·硕人》诗中看到的是手如柔荑，肤如凝脂，螓首蛾眉，只是物象声色之观，此为形下之观。而孔子"绘事后素"的回答可谓精妙，见解深远。子夏受了老师的启发，言道"礼后乎"，立刻领悟到了孔子的观照方式，明白了礼在仁之后的道理。

在形色之外，孔子看到了物象之上的义理。而观物之形色，观者只是一个形而下的存在者。观物象之上的义理，观者则是形而上的体道者。

二、形上之观

与孔子的"绘事后素"相得益彰的是《老子》第一章中之言："无名天地之始，有名万物之母。故常无欲，以观其妙；常有欲，以观其徼。"老子所"观"的是"妙"，是"徼"。妙，王弼的解释是"微之极也"。极微小，以至于无形而不可见，就是"妙"，也即事物的苗头。王弼的解释是："徼，归终也。"一件事物最终的结果，它所能达到的边界，就是"徼"。其所"知"所"见"的，显然都不是有形之"器"，而是无形之"道"，因为它起点的至微和终点的至巨之处，都为常人所不见。

北宋邵雍在《观物内篇》中说："夫所以谓之观物者，非以目观之也。非观之以目，而观之以心也，非观之以心，而观之以理也。""物"在此处指的是包括人在内的万物。"以目观物，见物之形，以心观物，见物之情，以理观物，见物之性。""圣人之所以能一万物之情者，谓其圣人能反观也。所以谓之'反观'者，不以我观物也；不以我观物者，以物观物之谓也。"

在《观物篇》中，邵雍所说的"观物"是从理的角度去认识宇宙万物及世事人生的道理。他认为，以目观物和以心观物，都不能见其全体，往往只能看到事物的表面，即形与情。只有"以理观物"才能见"物之性"，即认识到事物的本质。要做到"以理观物"，即邵雍所说的"反观"，简单的理解就是要"以物观物"。人不能把自己当作万物的灵长，而是把人当成万物中的一种，站在物的立场看万物，才能避免主观认知，也才能认识到事物的本质。

"人之所以能灵于万物者，谓其目能收万物之色，耳能收万物之声，鼻能收万物之气，口能收万物之味。声色气味者，万物之体也。目耳口鼻者，万人之用也。体无定用，惟变是用。用无定体，惟化是体。体用交而人物之道于是乎备矣。"邵雍在《渔樵问对》中几乎否定了通过感官认识世界的方式和路径，断言要体认万物只能用反观自身，强调自我认知。这些都是典型的形而上之"观"，也是最具哲学深度的观照。

三、审美之观

在认知形、声、色之外，在探寻真理之外，观还可以给人以或简单或复杂的美的感受，观万物或世事时所产生的内心愉悦或痛楚，使"观"的过程具有了美学意义。"诗人对宇宙的俯仰观照由来已久，例证不胜枚举。汉苏武诗：'俯观江汉流，仰视浮云翔。'魏文帝诗：'俯视清水波，仰看明月光。'曹子建诗：'俯降千仞，仰登天阻。'晋王羲之《兰亭诗》：'仰视碧天际，俯瞰绿水滨。'又《兰亭集序》：'仰观宇宙之大，俯察品类之盛，所以游目骋怀，足以极视听之娱，信可乐也。'谢灵运诗：'仰视乔木杪，俯附聆大壑淙。'而左太冲的名句'振衣千仞冈，濯足万里流'，也是俯仰宇宙的气概。诗人虽不必直用俯仰字样，而他的意境是俯仰自得，游目骋怀的。"①

嵇康《赠兄秀才入军诗》(之一)中描述"目送归鸿，手挥五弦。俯仰自得，游心太玄"，目送归鸿的闲适自在、俯仰自得的欣然快意满溢诗外。孙德振的《苏堤春晓》诗云："春晓烟桥景翠低，香风四季染苏堤。

---

① 宗白华：《美学散步》，上海人民出版社1986年版，第112页。

红桃绿柳迷人眼，醉舫湖天听鸟啼。"诗人漫步在苏堤之上，观新柳如烟，桃红柳绿，春光醉人，不仅是诗人，读者见此诗也如目观美妙春景，无不心生快意。

如此，观便在对外物形、色进行观看的基础上产生了美学意义，在观看中，景物与个体经验相融合，个体的性情与审美体验合二为一，达到了游心骋目的境界。刘勰在《文心雕龙·神思》中说："夫神思方运，万途竞萌，规矩虚位，刻镂无形，登山则情满于山，观海则意溢于海，我才之多少，将与风云而并驱矣。"此处虽是在试图剖析文学创作的灵感产生，但可以明确的是观为有感而发的开端。

钱锺书先生曾在《七缀集》中说过："在日常经验里，视觉、听觉、触觉、嗅觉、味觉往往可以彼此打通或交通，眼耳鼻舌身各个官能的领域可以不分界限。颜色似乎也会有温度，声音似乎会有形象，冷暖似乎会有重量，气味似乎也会有体质。把各种感觉打成一片、混作一团的神秘经验，我们的道家和佛家常常讲到。"①。他认为，以"观"为代表的视觉可以与听觉等各种感觉相通，而"观"的美学意义得以实现，最终还是要依赖于各种感官的互通。此种认知，在《庄子·人间世》中早有论述，"夫徇耳目内通，而外于心知"；《列子·黄帝篇》中也有"眼如耳，耳如鼻，鼻如口，无不同也，心凝形释"。从"目"到"心"，从"看"到"感"，是从具象到抽象，带有强烈个体情志色彩。

在古代的文化典籍中，"观"的意义和内涵十分丰厚，对"观"的认知和解读，几乎涉及中国传统哲学、美学及文学理论等所有人文科学领域。

---

① 钱锺书：《七缀集》，三联书店 2004 年版，第 64 页。

第二章　说"观"

　　仰观俯察，天地万物皆入目中，在中国传统文化中，是否万事万物都可观？长久以来，我们观什么？为何观？如何观？中华文化元典《周易》给了我们全面的诠释。《易·序卦传》中曾经说过"物大而然后可观"，描述了何者可观。《系辞》中也多次提及"仰则观象于天，俯则观法于地，观鸟兽之文，与地之宜，近取诸身，远取诸物，于是始作八卦"，暗示了如何观，《系辞》"以通神明之德，以类万物之情"还诠释了为何观。

第一节　视者之观：仰以观天文

　　《易·贲卦》象传云："贲，亨；柔来而文刚，故亨。分刚上而文柔，故小利有攸往，天文也；文明以止，人文也。观乎天文，以察时变；观乎人文，以化成天下。

　　此处言及三个重要问题，一是"观"的是天人之际，体现出"天人合一"的理念；二是观天文之变化，认识到世界并非恒久不变，而是变动不居的。三是观人之文，是为教化天下。

　　"观乎天文，以察时变"是对人文的深层思考，关注天与人的关系。《郭店竹简·语丛》提出"易，所以会天道人道者"，这是最早说明《周易》天人关系存在相关相通的例证。

　　在中国传统哲学中，关于"天人关系"问题，各有说法，如荀子提出"明天人之分"，庄子讲"蔽于天而不知人"，刘禹锡说"天人交相胜"，等等。在魏晋时期"自然"与"名教"的关系实际上也是"天人关系"问题，而有嵇康"越名教而任自然"的说法。但中国传统哲学的主流都是以论证"天人合一"（或"天人相通""天人不二"）或说明"天人合一"为第一要务。① "天人合一"是易学中的一个重要概念，也是传统文化中的一个重要概念。

司马迁在《史记·太史公自序》中说其创作的目的是"究天人之际，通古今之变，成一家之言"，董仲舒《对策》中说："视前世已行之事，以观天人相与之际"，"观天人之际"仍然是与"易，所以会天道人道"的思想相通的，而且其源头就在《易经》的天、地、人"三才之道"。

荀子在《荀子·大略》中曾说过："善为《易》者不占。"对《周易》的研究基本有两派：一是占筮之学问，二是义理之学问。《周易大象解》对此作出解释："筮者，知天之事也；知天者，以俟命而立命也。乐天知命而不忧以俟命，安土敦仁而能爱以立命。"无论是占筮学问还是义理学问，其旨归都在于探讨天人之际，以天事来决人事。所以《系辞》传中说："明于天之道而察于民之故，是兴神物，以前民用。"②

"天人合一"到底是什么，学者们众说纷纭。对这对关系的解读，难点集中在两处：一是何为"天"，二是"天"与"人"如何"合一"。对第一个问题的解读，一般认为"天人合一"中的"天"具有如下特性：天可以与人相感应，天主宰人的吉凶祸福和命运，人的本性由天赋予，天是人敬畏与供奉的对象。

而冯友兰先生则认为中国传统文化中的"天"，主要有五种含义：

第一种是"物质之天"，就是指日常生活中所看见的苍苍者与地相对的天，就是我们现在所说的天空。

第二种是"主宰之天"或"意志之天"，就是指宗教中所说有人格、有意志的"至上神"。

---

① 汤一介：《释易，所有会天道人道者也》，《周易研究》2002 年第 6 期。
② 王夫之：《周易大象解》，上海古籍出版社 1996 年版，第 76 页。

第三种是"命运之天"，就是指所谓运气。

第四种是"自然之天"，就是指唯物主义哲学家所谓自然。

第五种是"义理之天"或"道德之天"，就是指宇宙的道德法则。①

对此五种含义的"天"进行分类，我们大致可以分为两类：自然的"天"和精神的"天"。自然意义的"天"主宰和决定着精神意义的"天"，而精神意义的"天"又可以在一定程度上定义自然的"天"，使自然的"天"获得生命、情感和价值。如此，自然的"天"与精神的"天"便人为相互影响与关联，二者在文化中显现时，明显具有人的有意而为之色彩，究其本质二者仍是人的外化与对象化。

中国古代学术无不以"究天人之际"为其宗旨，司马迁在《报任安书》里就说过，他撰述太史公书的目的是"欲以究天人之际，通古今之变"，这是司马迁的理想，更是古往今来的学者渴望达到的最高境界。

"天人合一"由《周易》提出，是中国传统思维方式中天人合一思维的集中体现，也是中国传统思维方式的基本原则。《周易》并没有明确提出这一命题，但其思想却贯穿在整个易学体系之中，天人之道是《周易》最为推崇的"易道"。

《周易·系辞传》说："易有太极，是生两仪，两仪生四象，四象生八卦。八卦定吉凶，吉凶生大业。"这段话追溯了八卦产生的源头——太极，同时也阐明了八卦创立的根本原则就是天人合一。

张岱年先生对"天人合一"是这样分析的——中国哲学中所谓天人合一，有二意谓：一天人本来合一，二天人应归合一。关于天人本来合一，有二说：一天人相通，二天人相类。所谓天人相通，如解析之，其意义可分为两层。第一层意义，是认为天和人不是相对立之二物，而乃一息息相通之整体，其间实无判隔。第二层意义，是认为天是人伦道德之本原，人伦道德原出于天。在今观之，在天为要本的，自一意义言，

---

① 冯友兰：《中国哲学史新编》，上海人民出版社 1982 年版，第 89 页。

亦是在人为要本的，因人为自然中之一物。然自另一意义言，所谓人性，常指人之所以异于非人者，即人与他类物不同者；而人与他物相同的，虽为根本，亦不含于所谓人性之中。以此义言，人固以自然为根本，而人性乃是后起之特殊的性质，非即是普遍的天道。将天道与人性合而为一，表现上似将天道为人性，而实际是将人性说为天道，即将人伦义理说为宇宙之主宰原则。① 按照张岱年先生的论断，传统的"天与人"关系可以有三重理解。

天人一体

先说第一个角度：天和人不是相对立之二物，而乃一息息相通之整体，其间实无判隔。《庄子·外篇·山木》有："仲尼曰：'有人，天也；有天，亦天也。人之不能有天，性也。圣人晏然体逝而终矣！'"庄子假借孔子之口，道出了人出于自然，又消散于自然，自然亦是出于自然。天人实为一体。董仲舒在《春秋繁露·深察名号》中明确说："天人之际，合而为一。"那如何能做到天人一致呢？《礼记·中庸》说："诚者，天之道也；诚之者，人之道也。"这便引出了第二重理解。天与人本为一体，联系二者为一体的是相通，诚便是通向天人合一的路径之一。董仲舒在《春秋繁露·天地阴阳》中说："天、地、阴、阳、木、火、土、金、水、九，与人而十者，天之数毕也。"此处，董仲舒是把"人"也当作"天"的内涵之一。

天人相通

《周易》认为自然与社会、天与人，有一种"同构"关系，这种关系就是"以类相从"。《乾·文言》说"本乎天者亲上，本乎地者亲下，则各从其类"。《序卦传》说："有天地然后有万物，有万物然后有男女，有男女然后有夫妇，有夫妇然后有父子，有父子然后有君臣，有君臣然后有上下，有上下然后礼义有所错。"《周易》把天地看作生命的来源，认为万物产生于天地，人类则产生于万物，因此，人和天地万物有不可分

---

① 张岱年：《中国哲学大纲》，江苏教育出版社 2006 年版，第 155 页。

割的内在联系。《周易》运用了"取象比类"的方法，这种方法在《乾·文言》中叫做"同声相应，同气相求"，在《系辞》中叫做"方以类聚，物以群分"。

从六十四卦卦象来看也从不同方面体现了这种天人合一的意味，它构成一个包括人与自然在内的有机整体，而每一卦不过是有机整体中的一个要素，却同时包含着人和自然界的两个方面，二者不仅是对应的，而且是统一的。如乾卦，从初爻到六爻，自下而上是讲"龙"由"潜龙勿用""见龙在田""或跃在渊""飞龙在天"到"亢龙有悔"的整个过程，同时都一一对应地包含着人的生命活动。

从卦象表面上看是讲"龙"的活动状态，表现自然界的生生不息。从隐含意义上来看，则指出君子所应遵循的生命原则。二者表现了同一个生命过程。如《履卦》乾上兑下。其卦辞曰："履虎尾，不咥人，亨。"意指小心行走于虎尾之后，猛虎就不咬人，所以能亨通。《彖》曰："'履'，柔履刚也，说而应乎乾。"这是说犹如阴柔者小心行走于阳刚之后，以和悦应合强健，《象》曰："上天下泽，'履'，君子以辨上下，定民志。"再如《同人卦》《彖》曰："柔得位得中而应乎乾，曰同人。……文明以健，中正而应，君子，正也。唯君子为能通天下之志。"柔顺者处正位，守中道并上应刚健者，故能和同于人。如果禀性刚健，行为中正而双能相互应各，这就是君子的美德。《象》曰："天与火，同人。"其卦上乾下离，乾是天，又是君子，离是火，又是日。由《履卦》和《同人卦》可以清晰地看出《周易》的天人合一的理念。

六十四卦中几乎每一卦都包含了天与人事的双重意义。每一卦象代表的事物十分丰富，既可以代表自然现象，又可以代表社会人生；既体现某种自然规律，又体现人的意志与心态。

《乾·文言传》云："夫'大人'者，与天地合其德，与日月合其明，与四时合其序，与鬼神合其吉凶。"《系辞》云："是故天生神物，圣人则之。天地变化，圣人效之。天垂象，见吉凶，圣人象之。"但是，人道虽然需要效法自然，却并不是说人在自然面前完全被动。相反，人要充分发挥自己的主观能动性，以与自然相协调，完成自然化育万物的使命，此即是《系辞》所说的"天地设位，圣人成能"。据此，《泰卦》《象》云："天地交，泰，后以财成天地之道，辅相天地之宜，以左右民。"裁成天地之道，辅相天地之宜，就是在遵循自然规律的基础上，对自然界的变化加以辅助调整，以成就天地化育之功。所以《系辞》尤为重视"制而用之谓之法"。因此，《周易》强调一方面要尊重自然界的客观规律，要"顺天休命"，要"应乎天而时行"，与自然相协调，另一方面又强强调发挥人的主观能动性，改变自然现状。正因为这样，《易》才能"与天地准"，才能"弥纶天地之道"。

天人相类之意义，亦可析为两方面。第一，天人形体相类，此实附会之谈。第二，天人性质相类，此义与天人相同论之天道人性为一之说相似，实际上亦是将人伦道德说为天道。①

由《周易》所首先予以集中表现的天人合一思想，在后世经典中都有不同程度的继承和发展，天人合一是各家学派共同的理论基础。如孔子的"唯天为大，唯尧则之""天何言哉？四时行焉，百物生焉"。孟子也说："是故诚者，天之道也。思诚者，人之道也。"天有天之道，而人承受了天所赋予的道观念，所以"尽其心者，知其性也。知其性，则知天矣，存其心，养其性，所以事天也"。儒家认为"夫大人者，与天地合其德""仁者乐山，智者乐水"。道家也讲天人合一，庄子说"天地与我并生，而万物与我为一"，认为自然是无为的，人也应该如此。强调的是人与自然的融合为一。金岳霖曾言："最多最广意义的天人合一，就是主体融入客体，或客体融入主体，坚持根本同一，泯除一切显著差别，从而达到个人与宇宙不二的状态。②

董仲舒在《春秋繁露·阴阳义》中说过："天亦有喜怒之气，哀乐之心，与人相副。以类合之，天人一也。"他认为，天是一个有喜怒哀乐

---

① 张岱年：《中国哲学大纲》，江苏教育出版社 2006 年版，第 155 页。
② 金岳霖：《中国哲学》，《哲学研究》1985 年第 5 期。

的天，当然，也是一个主宰世界，可以和人感应，能够给人以吉凶祸福的天。董仲舒论证天人同类的方法，叫做"天人相副"。而最早使用"天人合一"概念的，现在所能查到的出处，是张载的《正蒙》。然而和张载同时的程颐就不认可，他在《二程遗书·卷六》中说："天人本无二，不必言合。"张载的"合一"，程颐的"无二"，内容都是说，天人同此一气，或同此一理，人的仁义礼智本性乃是天的赋予。在他们的著作中，这个赋予人以善良本性的天也是一个人们必须崇敬的天，是一个可以和人感应的天，是可以给人以吉凶祸福的天。

三才之道

《易》爻分阴阳，按其所处位置可分为上、中、下三位，分别对应天、人、地"三才"。《系辞下》对此是这样诠释的："《易》之为书也，广大悉备；有天道焉，有地道焉，有人道焉。兼三才而两之，故六。六者，非它也，三才之道也。"用六爻重卦、三才两之的方法来解释三才之道，指出了天、地、人三者不仅在空间层面上组合，更指出有阴阳、刚柔、仁义之"两"，并分别贯之于天、地、人之间，而成天道、地道和人道，此说集中阐明了人与天地"相参"的道理。

陆贾曾说："天生万物，以地养之，圣人成之，功德参合而道术生焉"，以为"先圣乃仰观天文，俯察地理，图画乾坤，以定人道"。[①] 王符也说"是故天本诸阳，地本诸阴，人本中和。三才异务，相待而成，各循其道，和气乃臻，机衡乃平。天道曰施，地道曰化，人道曰为"[②]，其《本训》言："人行之动天地，譬犹车上御驰马，蓬中擢舟船矣。"其说仍是以人为中心，依据传统的"三才之道"，建构人文论与宇宙论的基本框架。

"三才之道"即是《说卦传》中所说的"是以立天之道曰阴与阳，立地之道曰柔与刚，立人之道曰仁与义"。这说明"广大悉备"之《周易》的

---

① 陆贾：《新语》，商务印书馆 1937 年版，第 1 页。
② 王符：《潜夫论》，上海古籍出版社 1988 年版，第 431 页。

全部内容，不过是天、地、人"三才"而已，而天与人的和谐关系是
其所追求的根本目标。这不仅是天人"同构"关系，而且是天人"合
一"关系。就"卦位"而言，每一卦都有六爻，上两爻象征天，下两爻
象征地，中间两爻象征人，构成天、地、人三才。八卦的基本模式便
体现了天人合一的思维取向，其中的卦爻辞既讲自然现象的变化，又
配以人事的吉凶悔吝。就卦义而言，无论是作为整体的六十四卦，还
是作为子系统的各卦，都是从不同方面说明天人合一之道的。天地之
道即阴阳、刚柔，表示自然界的结构与功能，人之道即仁义，则表示
社会的人伦道德。

观天文以察人事是《周易》的一大规律，由天道推及人事。《周易》
如何将自然哲学与道德哲学统一起来，是个重要问题。《周易》之为书，
推天道以明人事者。怎样推天道以明人事，并不得要领。牟宗三先生说
"中国式的道德观即是人间行为的相互关系的至当之则"，而《周易》"完
全承认自然之条理，即具体世界的变动是有条理的，并不是混乱的。道
德上的当与不当即建基于此"①。

"世界本不是有条理的，故用不着柏拉图的理性世界。道德律即是
天地之节，所以用不着康德的先天的超越的克己律，即既不用出世，也
不必后返，于变动的具体世界是求之即可。……《周易》首先把具体世
界的相互关系的条理性、秩序性揭示给人看，然后告诉人们人间行为的
相互关系亦当如此。然而事实不如此，那么人就须从自身做起，调整
之，克服之，使"与天地合其德，与四时合其序。"②

天人合一思想既成为解读《周易》的基本思想，易学中，"天人合
一"的概念多起来了；天人合一也成为解读古代其他经典的基本思想，
在对于其他经典的解读中，天人合一的概念也多起来了。天文与人事的
合一、相类，在《周易》中由观天文而察人事关联起来，观天文之理，

---

① 牟宗三：《周易哲学演讲录》，华东师大出版社 2004 年版，第 99 页。
② 吕绍刚：《周易的哲学精神》，上海古籍出版社 2005 年版，第 38 页。

而比附人事之理，"观"在天与人之间起到了重要的纽带作用。

第二节 示者之观：观者，有以示人

《易系辞下》："天地之道，贞观者也。"陈梦雷浅述：天地常垂象以示人。是指造物者以天象垂示人们。

在老庄哲学体认"道"的过程中，"观"也发挥了重要作用。正所谓"渊兮，似万物之宗；湛兮，似或存"，"视之不见，名曰'夷'；听之不闻，名曰'希'；搏之不得，名曰'微'"——作为最高范畴的"道"，在《老子》一书中具有明显的非直观性。既然这样，又该以何种方式体认"道"呢？老子提出了"观道"之说，"故常无，欲以观其妙；常有，欲以观其徼"，"万物并作，吾以观复"。即，唯有通过对"道"的"奥妙""端倪"以及"往复循环的道理"①之仔细考察（即"观"），方可认识天地万物的根源。与之类似，《庄子》一书也提到了"观化"的概念："生者，假借也，假之而生生者，尘垢也。死生为昼夜，且吾与子观化而化及我，我又何恶焉？"（《庄子·至乐》）万物变化之理，当于"忘形"与"忘智"之后乃可"观"而得之。对此，庄子已在"支离""滑介"以及"冥伯之丘"等命名中有所隐喻。② 所谓"阴阳不测谓之神""玄之又玄，众妙之门"，又所谓"堕肢体，黜聪明，离形去知，同于大通"，天地间的阴阳变化、道生万物以及万物自化都是幽微难测的。作为"观"之对象，"神明之德"与"道"均指向形而上的宇宙本源。

显然，"观"玄妙之规律已超出了视觉范畴。这也意味着"观"实现了对现实空间局限的突破，在一番探幽寻赜之后，上升为俯瞰式的整体认知。

---

① 陈鼓应：《老子注释及评介》，中华书局 2009 年版，第 58、126 页。
② （清）郭庆藩：《庄子集释》中册，中华书局 2012 年版，第 615 页。

第三节 整体之观：观生观民

《周易》观卦重视道德修养。六三爻辞有云："六三，观我生，进退。"更指出观者要观仰阳刚美德并对照省察自己的行为，谨慎抉择进退，讲求的是修美己德。六三爻《象》曰："'观我生，进退'，未失道也。"认为观仰美德并省察自己的行为，这才是正确的观仰之道。观卦九五爻辞云："观我生，君子无咎。"认为受人观仰并自我省察，君子必无咎害。上九《象》曰："'观其生'，志未平也。"说明上九修美己德的心志不可安逸松懈。

一、修美己德

观卦中三、五爻均谈及观者自身的修养问题，观者首先要观仰的是阳刚的美德，还要对照所观仰到的美德省察自身。中国古代文论的一个哲学基础是《周易》阴阳互动的世界构成论。一部《周易》旨在表述宇宙的阴阳生生之大德，故《庄子》曰"《易》以道阴阳"，《系辞》说"生生之谓易"。大化流衍，生生不息，阴阳相动，万物滋生。这是《周易》为人们描绘的一幅关于世界万物的起源、构成、生化与变迁的图式。《系辞》曰："一阴一阳之谓道。"这句话说明了《周易》的思想本质，也成为《周易》哲学的总纲。《周易》认为整个世界是在阴阳两种相反相成的力量的互相作用下不断运动、变化、生成、更新的。

《周易》卦象就是建立在阴、阳二爻两个符号的基础上。这两个符号按照阴阳消长的规律，经过排列组合而成为八卦（乾、坤、震、巽、坎、离、艮、兑）。八卦的构成与排列，体现了阴阳互动、对立统一的思想。八卦经过重叠排列组合为六十四卦，阴阳思想亦是其核心。

在《周易》中，阴阳观念表现为气。阳气上升、阴气下降，阴阳互动，这是《周易》对阴阳二气运行规律的把握。阴阳二气互动构造了"天人合一"的世界模式，表现在卦象构造方面，就是阴阳互动模式可对自然万象不依直观所得，而创造出合乎"气"化规律的假象。如天在上地在下本来是眼中所见、足下所立的事实，可是下地(坤)上天(乾)构成的卦却是《否》卦，卦象之意为不通；相反，下天(乾)上地(坤)的卦却是《泰》卦，卦象之意是大利通泰。如果不按阴阳互动的规律进行认识，很难理解这种安排。《否》卦是阳上阴下，阳气上升，阴气下降，二气相背而行不能交会，是"天地不交而万物不通也，上下不交而天下无邦也"①。《泰》卦是阴上阳下，阴气上升，阳气下降，二气相向而行交会，这就是"天地交而万物通也，上下交而其志同也"②。《咸》卦正是"二气感应以相与"而使"万物化生"。阴阳互动，才使自然与人类社会都在变化中存在和发展。柳宗元说："本之《易》以求其动，此吾所以取道之原。"③即《易经》的易，是变化之意。六爻互相推动而生变化。可见，《周易》卦象不是静止的，而是阴阳二气运行不止、生生不息的表征，显示出宇宙造化的勃勃生机与充沛活力。《观卦》所展现的刚健与内省精神和《周易》所强调的阴阳二气相结合，对于孟子提出"养气说"有着直接的影响。

二、为文养气

孟子注重主体道德意志之修养。"'敢问何谓浩然之气?'曰：'难言也。其为气也，至大至刚，以直养而无害，则塞于天地之间；其为气也，配义与道。无是，馁也。是集义所生者，非义袭而取之也。行有不慊于心，则馁矣'"，"诐辞知其所蔽，淫辞知其所陷，邪辞知其所离，遁辞知其所穷。"④"浩然之气"指道德修养所达到的精神境界，是以儒

---

① 黄寿祺、张善文：《周易译注》，上海古籍出版社 1989 年版，第 115 页。
② 黄寿祺、张善文：《周易译注》，上海古籍出版社 1989 年版，第 105 页。
③ (唐)柳宗元：《柳河东集》，中华书局 1958 年版，第 543 页。
④ 北京大学哲学系美学教研室编：《中国美学史资料选编》(上)，中华书局 1980 年版，第 26 页。

家仁义之道为内容的道德修养学说。

孟子的"养气"是与"知言"并提的，孟子在这里虽然不是就文学而谈养气，但是"知言养气"说却和文学有关。"知言"是说他能够鉴识言辞好坏，而之所以能够"知言"则是因为善养"浩然之气"。孟子言说的气不是形而上的作为万物始基的气，而是一种有着儒家精神的道德修养。

孟子善养"浩然之气"的思想又与《周易》相关。乾卦《象传》有云："天行健，君子以自强不息。"乾卦的喻旨，就是勉励人效法天的刚健精神，奋发向上。《周易》六十四卦中有二十九卦谈到君子德行修养，《系辞》下传中又有九卦专门论述道德修养之方法。《周易》既强调人应效法天地，按照宇宙自然的秩序来规范自己的行为，又强调人应发扬自强不息的精神，奋发精进，实现自己所禀赋的善性。《乾卦·象传》："天行健，君子以自强不息。"《坤卦·象传》："地势坤，君子以厚德载物。"这是说，君子自强不息的进取精神是仿效天，厚德载物的宽容精神是取法地。《大壮·象传》："雷在天上，大壮。君子以非礼弗履。"《益卦·象传》："风雷，益。君子以见善则迁，有过则改。"这是说，应以客观外在的规范来衡量自己的行为。《大畜·象传》："天在山中，大畜。君子以多识前言往行，以畜其德。"《升卦·象传》："地中生木，升。君子以顺德，积小以高大。"这是说，道德的提高依赖于后天的学习积累。

古代文论的创作主体研究中最重要的是"养气"说，这是中国传统文论创作主体研究中最具有中国特色的部分。"气"这个范畴出现很早，《国语·周语》中早就有："夫天地之气，不失其序；若过其序，民乱之也。"《老子》说："道生一，一生二，二生三，三生万物。万物负阴而抱阳，冲气以为和。"最早结合写作来谈养气的当推孟子，他在《公孙丑》里谈到"知言养气"。刘勰又将"养气"改造成文论概念，成为古代文论"养气"说的真正开端。刘勰在《文心雕龙·养气》篇指出："夫耳目鼻口，生之役也；心虑言辞，神之用也。率志委和，则理融而情畅；钻砺过分，则神疲而气衰。此性情之数也。"①唐代韩愈在《答李翊书》里说："气，水也；言，浮物也。水大而物之浮者大小毕浮。气之与言犹是也，气盛，则言之短长与声之高下者皆宜。"宋代苏辙则进一步发展了曹丕的"文气说"。

曹丕在《典论·论文》中说过："文以气为主，气之清浊有体，不可力强而致。"苏辙在《上枢密韩太尉书》说道："辙生好为文，思之至深。以为文者气之所形，然文不可学而能，气可以养而致。"那么文者应该如何养气？三个途径，一是从道德修养着手，如孟子的"知言养气"；一是从增加识见入手，如刘勰《神思》中所云："是以陶钧文思，贵在虚静，疏瀹五藏，澡雪精神。积学以储宝，酌理以富才，研阅以穷照，驯致以怿辞"；一是如刘勰所说的"烦而即舍"，"勿使雍滞"，心境和平，血气调畅，精神渐旺，文思就会自然贯通。

《观卦》之"观我生"秉承了《周易》讲求修美己德和崇尚刚健美德之精神，这种思想与孟子的"养气"说有着紧密联系。孟子十分注重道德意志的培养，"'敢问何谓浩然之气？'曰：'难言也。其为气也，至大至刚，以直养而无害，则塞于天地之间；其为气也，配义与道。无是，馁也。是集义所生者，非义袭而取之也。行有不慊于心，则馁矣'，'诐辞知其所蔽，淫辞知其所陷，邪辞知其所离，遁辞知其所穷。'②"浩然之气"指道德修养所达到的精神境界，是以儒家仁义之道为内容的道德修养学说。养气，就是"养浩然之气"，它指的是人的道德修养功夫，"浩然之气"与"义"和"道"结合就能达到"至大至刚"的人格修养的理想境界。孟子虽然不是就文学而谈养气，但是"知言养气"说却和文学有

---

①　（南朝齐）刘勰著，范文澜注：《文心雕龙注》，人民文学出版社 1958 年版，第 646 页。

②　北京大学哲学系美学教研室编：《中国美学史资料选编》（上），中华书局 1980 年版，第 26 页。

关。"知言"是说他能够鉴识言辞好坏，而之所以能够"知言"则是因为善养"浩然之气"。从文学角度来说，创作主体的道德修养提高了，辨别言辞的能力自然也会得到提升，后世的文学批评正是从这一角度来理解气与言、身心修养与文学的关系的，而且孟子的这一学说对后世的文论影响甚深。

吕不韦《吕氏春秋·季夏纪·音初》载："是故闻其声而知其风，察其风而知其志，观其志而知其德，盛、衰、贤、不肖、君子、小人，皆形于乐，不可隐匿，故曰：乐之为观也，深矣。"此处的"观"强调的不是所观的对象，而是在观照对象的过程中导向主体人格比拟的可能性。由此见出人的内在德性，引发主体关于人格的比拟与遐想。

《荀子·宥坐》记载孔子观于东流之水：

> 子贡问于孔子曰："君子之所以见大水必观焉者，是何?"孔子曰："夫水，大遍于诸生而无为也，似德；其流也埤下，裾拘必循其礼，似义；其洸洸乎不淈尽，似道；若有决行之，其应佚若声响，其赴百仞之谷不惧，似勇；主量必平，似法；盈不求概，似正；淖约微达，似察；以出以入，以就鲜洁，似善化；其万折也必东，似志。是故君子见大水必观焉。"

继荀子之后，刘向在《说宛·杂言》中进一步阐释孔子的"智者乐水，仁者乐山"，直接提出"夫水者，君子比德焉"。这是由观照对象所导引出的主体内在人格的感兴与体会，类似审美意义上强调着德性，在向善的道德伦理向度上规约和提升主体的人格境界，可以说这是一种近似审美接受意义上的观照，是一种投射人格品性于客观事物之上的比拟，也可以看作"以我观物"的最初萌发。

韩愈继承了孟子的"养气"思想，提出了"气盛言宜论"，强调创作主体的道德修养对于文学创作活动的直接影响。他在《答李翊书》中指出："气，水也；言，浮物也。水大而物之浮者，大小毕浮。气之与言犹是也，气盛，则言之短长与声之高下者皆宜。"①"气盛"是指创作主体在创作之前饱满充实的精神状态，与孟子所说的"浩然之气"很相似，同样是以儒家道德修养为根本。韩愈的"气盛言宜"说是将孟子的"养气"说与文学批评结合起来，是在文论领域里对于孟子学说的发展和实践，与《周易》之"观我生"所展现出来的修身和崇尚刚健之气有着相同的精神实质。

随着道家思想的影响，养气论又加入了新的内容。排除欲念纷扰、空明虚静的心胸，对于创作主体创作前的准备来说是非常必要的。《老子》中所说的"涤除玄览"，显然不是就文论而言的，它是对"道"的观照。所谓"涤除"，就是洗去心灵中的各种欲念或成见，使头脑像镜子一样空明澄静。"鉴"本意是镜子，引申为"观照"之意。"涤除玄鉴"，是关于审美观照的最早理论渊源。这里至少可以看到三层含义：一是主体的虚静心胸；二是主体观照一定是相对于某个对象物的；三是观照是蕴含着主体智慧的直观，而非知性分解。

《庄子》也以"虚静"为观照的主体条件，《天道》篇中云："圣人之静也，非曰静也善，故静也。万物无足以铙心者，故静也。水静则明烛须眉，平中准，大匠取法焉。水静犹明，而况精神！圣人之心静乎！天地之鉴也，万物之镜也。"由于心灵的虚静，主体才能呈现出一种观照对象的心胸。由《庄子》的论述我们可以看到，主体的虚静心态，使观照不止于具体的对象物，而是以具体的对象物涵容万物，统摄万象。《庄子·天地》篇又云："视乎冥冥，听乎无声。冥冥之中，独见晓焉；无声之中，独闻和焉。故深之又深而能物焉，神之又神而能精焉；故其与万物接也。至无而供其求，时骋而要其宿。"所谓"独见""独闻"，即是以空寂虚灵之心对于对象的视听，指出了以虚静空明的审美心态所做的观照，不仅是对所观对象物的观赏映照，而且可以涵容万物，吐纳

---

① 郭绍虞、王文生：《中国历代文论选》第二册，上海古籍出版社 1979 年版，第 116 页。

万象。

刘勰《文心雕龙·养气》篇说:"纷哉万象,劳矣千想。玄神宜宝,素气资养。水停以鉴,火静而朗。无扰文虑,郁此精爽。"《养气》篇是说保养精神以使神思顺畅,但也关涉创作主体对事物的观照。"水停以鉴",是以水之平静为喻,以形容作者心意闲静才能更好地观照对象。

《周易》之观的内省精神和刚健之德与道家讲的虚静相结合,为后代的养气论提供了理论依据。

第三章 《易》"观"

《周易》中"观"乃是观仰之义，其中大有可说之处。"观"的内容是丰富的，不仅观物，而且观人，反观自我，亦审视他人，观者是何人，物之如何可观，观者如何观，都是"观"的本身所含之义。

"大观在上"强调的观照之物盛大的特性，充分体现了《周易》观者对于大美之事物的推崇，这是在《庄子》之前以一种形象化的方式礼赞"天地之大美"，后世文论讲求刚健风格、壮美的审美的旨趣，皆由此而引发。《周易》"大观在上"还将"大观"诉诸人的道德行止，强调人格力量至刚之美，品德修养的美，这也是古代文论创作主体论的核心要素之一。

"知幽明之故"是《周易》观物取象的意图，所取之象既是自然之事，也是物事之象，更是义理之象，"立象以尽意"才是取象的根本意义所在，虽然《周易》通过观物取象显现出来的幽明之理，不是就论文而言，但是其中显现的象与意之关系，却是古代文论关注的热点，而意象论、意境论也是在此基础上得以衍生。

"仰观俯察"观物过程是一个圆融会通的过程，不是直上直下，定点透视，而是游走的，即远即近，即高即深，往而复返的融通的审视方式，这种审视方式对于文论的鉴赏理论极具参考价值。而《周易》的"观民设教""神道设教"思想使"观风""风化""风刺"在文学领域获得了蓬勃的活力，是文学教化论的最早表现。

《周易》之"观"不是就文论而言，但是细究起来，"观"之体、意、法、用都具有文论的内涵和价值，对于创作论、鉴赏论各个层面都具有一定的启示意义和影响力。

第一节 "观"之体：物大然后可观

"大"作为一个文论范畴，在《周易》之中已经有多处体现。《观》卦象曰："大观在上，顺而巽，中正以观天下。观，盥而不荐，有孚颙若，下观而化也。观天之神道，而四时不忒，圣人以神道设教，而天下服矣。"《序卦传》说："物大然后可观，故受之以《观》。可观而后有所合，故受之以《噬嗑》，嗑者合也。"

"大观在上"是指《观》二阳在上，为下四阴所观。阳为大，阴为小。《周易译注》中称"大观在上"为宏大壮观的气象，总是呈现在崇高之处。"物大然后可观"，是讲事物尊高盛大然后可以受人观仰。从《观》卦《象传》和《序卦传》的说法来看，被观仰的对象应该是壮观而盛大，在《周易》中并不是任何事物都具有可观性。《周易》对于"大"之美感推崇与对盛德的褒奖更是后世文论中关于作品审美旨趣及创作主体修养论的肇始。

一、大观盛德

先秦时代，儒道两家都曾追崇大美之境。《论语·秦伯》："大哉！尧之为君也。巍巍乎！唯天为大，唯尧则之。"《孟子·公孙丑》所谓"善养吾浩然正气"，"其为气也，至大至刚，……塞于天地之间"，显示了个体人格的伟大。《庄子·天道》："天地者、古之所大也，而黄帝、尧、舜之所共美也。"《知北游》："天地有大美而不言。"但无论儒家之大美还是道家之大美其最终指向仅为个体人格精神的升华，这与《周易》精神极为吻合。

《易传·系辞上》说："子曰：'圣人立象以尽意。设卦以尽情伪，系辞焉以尽其言，变而通之以尽利，鼓之舞之以尽神'。"观物取象，立象以尽意，系辞以尽言，象言者，皆在尽书之意也。六十四卦、三百八十四爻所取所立之象均以八卦卦德为宗，随类而取，冠名以象喻之，以尽卦之意。象之所取范围，天地人间，万事万物无所不有。八卦卦德为《周易·说卦》："乾健也，坤顺也，震动也，巽入也，坎陷也，离丽也，艮止也，兑说也。"此处的"观"强调的不是所观的对象，而是在观照对象的过程中导向主体人格比拟的可能性。由此见出人的内在德性，引发主体关于人格的比拟与遐想。

《周易》所立之人道，除了对人提出恪守仁与义的道德要求外，还在人物特别是人君、君子的道德养方面提出了具体要求，这些要求可以分为两类：一为强调道德修养的重要性，一为道德修养的一些具体德目。① 《乾卦·文言》指出君子有四德："君子行此四德者，故曰：乾：元、亨、利、贞。"君子包容着仁义道德将成为众人的尊长，完美的聚会符合礼节，赠与利益完全符合义理，坚持贞正的节操能将事情办好。君子就是履行体仁、合礼、合义、正事这四种美德的人。《乾卦·文言》还指出一些具体德目："君子进德修业。忠信，所以进德也；修辞立其诚，所以居业也，知至至之，可与言几也，知终终之，可与存义也。是故居上位而不骄，在下位而不忧。"作为君子就要不断地增进自己的道德，要忠于职守，要取信于民，要立言真诚，说话还要和气等。

《易纬》疏："卦者，挂也。言悬挂物象以示于人，故谓之卦。"孔颖达疏："凡易者，象也，以物象而明人事。"《周易》是一种人生哲学，在构建宇宙运行模式的同时，也致力于建立某种人生理想，制定某种为人准则和行为规范。正如《贲卦》所说："观乎天文，以察时变；观乎人文，以化成天下。"将天文与人文联系起来加以考量，从宇宙自然的运行规律中获得某种促进人生、裨补人事的启示，这是《周易》一以贯之的做法。

《周易》的卦爻辞中颇多对于人生哲学的探讨，文言、象传、象传等篇什也往往从卦名、卦辞、卦象引申出为人处世的原则大法，如《乾

---

① 罗炽、萧汉明：《易学与人文》，中国书店 2003 年版，第 194 页。

卦》："天行健，君子以自强不息"，《乾卦》："君子终日乾乾，夕惕若，厉无咎"，《蒙卦》："君子以果行育德"，《系辞上》："君子将有为也，将有行也"，《系辞下》："君子见几而作，不俟终日"，"君子安而不忘危，存而不忘亡，治而不忘乱，是以身安而国家可保也"。其中有的涉及个人修养，有的涉及行为方式，有的涉及道德规范，有的涉及政治理念，但有一共同之处，即效法上天，将上天那种周行不殆、有所作为的精神视为人生的至上境界。

以《乾》卦为例，其《小象》曰："'潜龙勿用'阳在下也；'见龙在田'，德施普也；'终日乾乾'，反复道也；'或跃在渊'，进无咎也；'飞龙在天'，大人造也；'亢龙有悔'，盈不可久也；'用九'，天德不可为首也。"《乾》的阳刚变化规律从每一阶段详加阐述，以不同的龙象喻阳刚的不同处境，而这不同的处境恰恰是不同的龙象所喻示的阳气由初、渐盛、大盛流通转移的变化规律，其意在教导人们遵循其道，效法天德来处理事务。

"潜龙勿用，阳在下也"；"潜龙"为初爻小象，"勿用"为此爻的断语，"阳在下也"即阳气在地下。阴气始感，阳气初始生如潜龙在水而不得外出，又阳气不足，其位居下，须以无为而处之。"见龙在田，德施普也"："见龙"为二爻小象，"在田"为断语，"德施普也"即阳气广施于地上。阴气渐衰，阳刚之气渐升于地上，如现形之龙由水而出，广行于地域，其阳气渐足又位居地上，须以美德昭著而广施。"终日乾乾，反复道也"："慎君"为三爻小象，"终日乾乾"为断语，"反复道也"即阳气上升至上卦之下，下卦之上，故反与复皆合道也。此爻以人事言君子终日乾乾，自强不息。反，谓进反，处下卦之上能不骄逸，是反能合道也；复，谓从上倒复而下，居上卦之下能不忧惧，是复能合道也。"或跃在渊，进无咎也"，疑龙为四爻小象，"或跃在渊"为断语，"进无咎也"即阳气上升至上卦，人道之上近乎天也。居上卦之下位，当如疑龙知此位多惧有险，或如奋龙而升，或如慎龙而退处渊源，皆应审时度势必无咎害。"飞龙在天，大人造也"："飞龙"为五爻小象，"在天"为断语，"大人造也"即阴气衰竭，阳气大盛，处上卦之中。阳气充满天宇，飞龙腾升于天，位在正中，居九五之尊，龙归天之大愿已实现，如君子可大展雄才。"亢龙有悔，盈不可久也"："亢龙"为六爻小象，"有悔"为断语，"盈不可久也"即阳气极盛，物极必反，一阴始生，处上卦和全卦之顶巅，位在外悔，居卦之末。阳气再聚即为盛极，志于高天之穷尽，则必悔而始衰。"用九，天德不可为首"："用九"言筮得阳爻者，皆用九而不用七，圣人因系于此，使遇此卦六爻皆变者即以此占之。王弼释"无首"："以刚健而居人之首，则物之所不与也"，此在释"见群龙无首"，是直接应用《老子》"后其身而身先"及"贵以贱为本"的思想，既合《易》理，也与《象传》"天德不可为首"相符合。

这种君子比德之说，在后世的典籍中也多见。《荀子·宥坐》记载孔子观于东流之水：

> 子贡问于孔子曰："君子之所以见大水必观焉者，是何?"孔子曰："夫水，大遍于诸生而无为也，似德；其流也埤下，裾拘必循其礼，似义；其乎不尽，似道；若有决行之，其应佚若声响，其赴百仞之谷不惧，似勇；主量必平，似法；盈不求概，似正；淖约微达，似察；以出以入，以就鲜洁，似善化；其万折也必东，似志。是故君子见大水必观焉。"

《吕氏春秋·季夏纪·音初》："是故察其声而知其风，察其风而知其志，观其志而知其德，盛、衰、贤、不肖、君子、小人，皆形于乐，不可隐匿，故曰乐之为观也，深矣。"西汉刘向《说苑·杂言》进一步阐释孔子的"智者乐水，仁者乐山"，直接提出"夫水者，君子比德焉"。这是由观照对象所导引出的主体内在人格的感兴与体会，强调德性，在向善的道德伦理向度上规约和提升着主体的人格境界。

《乾·象》曰："大哉乾元，万物资始，乃统天。"就人而言，主要是人格力量至刚之美，是品德修养的美。在《易经》中，"利见大人""利涉大川"等辞经常出现，也体现着其对"大"的尊崇，奠定了后世审美心理崇尚"伟大""磅礴""雄健"的观点。人格力量的至刚，在于一个人品德的崇高，君子必须修美己德，无德就无所谓美。

《恒·九三》爻辞："不恒其德，或承之羞，贞吝。"如果人不能尊崇道德修养，品德不能始终如一，保持纯洁高尚，就会受到因此而来的羞辱。并且，《易经》的编写目的，是为正人君子占卜吉凶，不正之人，不属于《易经》卜筮的对象。朱熹说："圣人作《易》，示人以吉凶，言'利贞'，不言'利不贞'；言'贞吉'，不言'不贞吉'；言'利御寇'，不言'利为寇'也。"郑玄注《论语·子路》篇中："'不恒其德，或承之羞'，子曰'不占而已矣'。"是说："《易》所以占吉凶，无恒之人，《易》所不占。""贞"即"正"，"恒"为恒德。品德不端，不恒，《易经》不为其占。从中可见《周易》对人格美的尊崇。

在《乾》卦中，以天体运动不息，具有阳刚之德比君子在仕途上自强不息。《乾》卦的含义是阳刚。《杂卦》曰："乾刚坤柔"即是此义，《郭氏传家易说》："卦中之刚柔，皆《乾》之刚，《坤》之柔也。是以独《乾》、《坤》为刚柔。"此又明独《乾》卦为刚卦也。是为刚者。阳爻为阳，《乾》卦六爻皆阳爻，故其至阳。《乾》卦为刚，是为六爻皆刚，故刚也因其爻阳也。这是《乾》阳刚之义。《乾》的卦体为"☰"，由六个阳爻(—)组成，故其体至阳至刚。《说卦》曰："乾为天"，《象》曰："天行健。"故天有纯阳纯刚。以三才之体释之，《说卦》曰："立天之道，曰阴与阳；立地之道，曰柔与刚；立人之道，曰仁与义。"那么三才之体也皆上中下皆至阳至刚。

《乾》卦卦辞"元、亨、利、贞"是以四时阳气变化概括阳刚之变化规律，爻辞以细节六龙阳气变化详述卦辞而充分揭示阳刚之变化规律。它既反映了《乾》卦阳刚的规律。《周易尚氏学》中说道：

　　盖天之体，以健为用；而天之德，莫大于四时。元亨利贞，即春夏秋冬，即东南西北。震元、离亨、兑利、坎贞，往来循环，不忒不穷，《周易》之名，即以此也。

春夏秋冬为天"四德"，元亨利贞为《乾》卦体现天的"四德"，"震元、离亨、兑利、坎贞"之《震》卦、《离》卦、《兑》卦、《坎》卦为《周易》六十四卦中所体现的《乾》四德。《乾》卦象形成的规律是以卦辞、爻辞之元亨利贞为基础的，而元亨利贞又是以春夏秋冬为基础，这种以阳刚之流行于四季用以《乾》卦，然后又推广到《周易》六十四卦之阳气流行的"以小见大"，以卦理反映自然之理的"卦规律反映自然规律"的周易思想，它是哲学的，同时也是美学的。因为这是人与自然关系的必然所致，二者同时从不同方面去揭示阳刚之美。

《象》曰："天行健，君子以自强不息。"《正义》曰："天行健，此谓天之自然之象；君子以自强不息，此以人事法天所行，言君子之人用此卦象，自强勉力不有止息。"《说卦》曰："乾，健也。"说明了《乾》取象为天，以健为德性，又"大象"以天的"健"为德性，君子应"以人事法天所行"，即以人之德性法天之德性，自强不息。这显然是自然美与道德美在人性和物性上的合一，二者也同样从"天行健"君子以"自强不息"的"天行"与"君子"的阳类和"健"与"自强"的阳之德性两方面反映出阳刚的自然美和道德美的合一。

宗白华先生在《美学散步》中总结说："《易经》是儒家经典，包含了丰富的美学思想。如《易经》有六个字'刚健、笃实、辉光'，就代表了我们民族一种很健全的美学思想。《易经》的许多卦，也富有美学的启发，对于后来艺术思想的发展很有影响。"[1]

二、大哉乾元

《序卦传》所云："物大而然后可观"，指出观者观物的重要因素是缘于事物的盛大尊大与宏大壮观。对于"大美"的缘起，历来都归诸《庄

---

[1] 宗白华：《美学散步》，上海人民出版社 1981 年版，第 36 页。

子》。《周易》推崇天地之"大美",《易传》中对于大美亦有阐发。《周易》认为,堪称"大美"者首先是雄浑壮大,还须成就众生,造福万物,安定天下。

《乾·象传》:"大哉乾元,万物资始,乃统天。云行雨施,品物流形。大明终始,六位时成,时乘六龙以御天。乾道变化,各正性命,保合太和,乃利贞。首出庶物,万国咸宁。乾始能以美利利天下,不言所利,大矣哉!大哉乾乎!刚健中正,纯粹精也。六爻发挥,旁通情也。时乘云龙,以御天也。云行雨施,天下平也。"开创万物的阳气是如此之伟大,它统领着大自然,万物由其而生,云朵飘行,甘霖落下。此种阳气不仅浩大,周流不息,且自然而成,无待外力。

《坤·文言》:"坤至柔而动也刚,至静而德方。后得主而有常,含万物而化光。"大地柔顺但变动时却能显出刚强,极为安静但却可以将柔美的品德流布于四方,可以保持福庆长久,包容一切,普载万物,也因此显现出无限的光芒。

在《周易》中天地之宏大壮阔,以及其巨大的力量使观者无比震撼,充满了对化育万物的天地的赞叹。《系辞上》说:"是故刚柔相摩,八卦相荡。鼓之以雷霆,润之以风雨。"又说:"是故法象莫大于乎天地,变通莫大乎四时,县象著明莫大乎日月。"至大的事物无外乎天地四时日月。《周易》把握世界的是一种全方位、立体式的审美。以天、地、人为通观对象,是人类大观照、大智慧、大运作的精神实践活动。

《周易》所观天地之博大、雄浑、壮阔的境界,具有一种壮美的特征。而庄子则明确地将"大美"作为审美对象,是一种非功利、纯艺术的崭新的审美观念,对文艺创作和理论都更具启示和开创意义。

《庄子·天下》说:"判天地之美,析万物之理,察古人之全,寡能备天地之美,称神明之全。"庄子认为美固然为美,但"大"则更美;天地是"大"的,所以天地是"人所共美也"。庄子这一大美理想指向于天地自然,是对自然客体美的肯定。另一方面,庄子的大美包含了对人内在自由心态和自由精神的要求。其逍遥于天地之间,是何等昂扬的情怀，何等宽阔的胸怀，其涵盖一切，包容万千。庄子对"大美"背后绝对、无限、永恒的心灵自由的追求，以及超厉害、忘真幻、齐万物的人生态度和美学理想虽然很难实现，但在文艺创作和审美欣赏中，在对待和观赏自然中，庄子帮助建立了对人生、自然和艺术的真正的审美态度。

《淮南子》继承了《周易》的"大美"观，仍将其目光投注于天地自然、社会人生的无限领域，是一种"神明"之大美，它"四通并流，无所不及，上际于天，下蟠于地，化育万物而不可为象，俯仰之间而抚四海之外"。(《道应训》)《泰族训》："夫观六艺之广崇，穷道德之渊深，达乎元上，至乎无下，运乎无极，翔乎无形，广于四海，崇于太山，富于江河，旷然而通，昭然而明，天地之间无所系戾，其所以监观，岂不大哉！"

"张天下以为笼，因江海以为署，又何亡鱼失鸟之有乎！"(《原道训》以天下为"笼"，江海为署，这又是何等豪迈的气概。在此基础上，《淮南子》批判了那种狭隘小气，坐井观天的审美观，《泰族训》说："夫守一隅而遗万方，取一物而弃其余，则所得者鲜，而所治者浅矣。"同样，斤斤计较于琐小之物，必定无法去容纳天地之大美，《主木训》云"是故审毫厘之计者，必遗天下之大数"。这种狭隘小气，坐井观天者的根本缺陷是"不识大体"，与世界的丰富、多样性相矛盾，《说林训》中有"夫随一隅之迹，不知因天地之以游，惑莫大焉。虽时有所合，然而不足贵"。审美应不拘于一隅之见，而要超越局部，总览全局，"见隅曲之一指，而不知八极之广大也。故东面而望，视西墙；南面而视，不睹北方；唯无所向者，则无所不通"。"无所向"并非不去看，而是要跳出这局窄之圈，审美眼光愈宽广愈好。

《泰族训》中说："凡人之所以生者，衣与食也。今囚之冥室之中，虽养之以刍豢，衣之以绮绣，不能乐也，以目之无见，耳之无闻。穿隙穴，见雨零，则快然而叹之，况开户发牖，从冥冥见炤炤乎！从冥冥见炤炤，犹尚肆然而喜，又况出室坐堂，见日月光乎！见日月光，旷然而乐，又况登泰山，履石封，以望八荒，视天都若盖，江河若带，又况万物在其间者乎！其为乐岂不大哉！"

《淮南子》熔天、地、人于一炉，展现出一幅上天大地无比恢宏壮美的景象。如《地形》中，它以夸张的笔触为我们描绘出一幅疆域广阔的中华地图：

> 阖四海之内，东西二万八千里，南北二万六千里，水道八千里，通谷其名川六百，陆径三千里。禹乃使太章步自东极至于西极，二亿三万三千五百里七十五步；使竖亥步自北极至于南极，二亿三万三千五百里七十五步。

《周易》作者描绘的天地之"大美"，经由庄子精神实质上的提升和《淮南子》的多义阐发，对后世文学和美学产生了巨大影响，如杜甫提出"鲸鱼碧海"、韩愈提出"巨刃磨天"、严羽推崇"金翅擘海""香象渡河"等，都是对博大雄奇的壮美境界的追求。

第二节 "观"之意：知幽明之故

《贲卦》象传有云："观乎天文，以察时变。"《咸》卦："观其所感，而天地万物之情可见矣！"《恒》卦："观其所恒，而天地万物之情可见矣！"《萃》卦："观其所聚，而天地万物之情可见矣。"《系辞》："君子居则观其象，而玩其辞；动则观其变，而玩其占。是以自天佑之，吉无不利。""易与天地准，故能弥纶天地之道。仰以观于天文，俯以察于地理，是故知幽明之故。原始反终，故知死生之说。精气为物，游魂为变，是故知鬼神之情状。""圣人有以见天下之动，而观其会通，以行其礼。""古者包羲氏之王天下也，仰则观象于天，俯则观法于地，观鸟兽之文，与地之宜，近取诸身，远取诸物，于是始作八卦，以通神明之德，以类万物之情。"《周易》中多处谈到的"观"都是和万物之情，或是与幽明之故，神明之德相关联，也就是在《系辞》中所说的"天下之赜"。

《周易》作者在对于事物的普遍观察和思索中，以卦爻的象彰显了的带有普泛性的"天下之赜"：

一、物极必返

《乾卦》："初九 潜龙勿用。九二 见龙在田，利见大人。九三 君子终日乾乾，夕惕若厉，无咎。"九三爻辞未见龙字，依然是以龙为象。九二之龙在地上，九五之龙方抵天际，由此得知，九三之龙上不在天，下不在地。正是处在这个可上可下的境地，从象喻角度来看是激励君子自强不息，奋进不已，只能进，不能退的爻辞。"九四 或跃在渊。"有时迫于客观形势的变化，暂时降至渊中，伺机升腾。退是进的特殊表现形式。"九五 飞龙在天。""上九 亢龙有悔。"初九、九二、九三、九四、九五，从总趋势观之，龙由潜而显，从水渊腾飞至陆地，再由陆地一跃直上云霄，体现了渐进变化的特点。《乾卦》前五爻以量的积累形式，连成一体。

"飞龙在天"，龙腾升至最高点，量变达到极限，已臻质变的临界点，超越该关节点，便发生质变，故龙高亢奋进，南辕北辙，适得其反，进极而下降。正是这一质变，上九与前五爻结合成《乾卦》。《乾卦》是以量变而质变的形式，凝结六爻，表现它们的内在联系，名之曰"物极必返"。

二、对立消长

《遯卦》："初六 遯尾。"说明其受到阻力（姑且名这种阻力为"系"），逐而未果。"遯尾"是"逐"和"系"（且"系"长于"遯"）两种对立因素作用的产物。"六二 执之用黄牛之革，莫之胜说。"这里"说"，同脱。逐之阻力甚大，如用黄牛之革系缚，难以挣脱。言"系"超过"遯"。"九三 系遯，有疾厉。""系遯"并列，象征两种对立因素达到势均力敌，平衡阶段。其斗争激烈，两者无法取胜对方，痛苦如重病缠身。"九四好遁。"摆脱亲昵所好的束缚，实现遁逃。表明"遁"战胜，并超过"系"。"九五 嘉遁。""嘉"，善。"嘉遁"，善遁者。挣脱更多的约束，遁之较彻底者。"上九 肥遁。""肥"，宽裕自得。"肥遁"，遁之彻底，无所系滞，无所障碍。《象》曰："无所疑也"（"疑"同碍）。"遁"完全战胜"系"。

首先，《遁卦》每爻爻辞，都体现"遁""系"力量的斗争，本质上反映了"遁"和"系"的对立统一。其次，《遁卦》自初爻至上爻的层层推进，显示了"系"消"遁"长的过程。初六、六二"系"由强渐弱，"遁"由弱渐强，至九三"遁"与"系"不分伯仲。进入九四"遁"进一步增强，"系"进一步削弱，最终以上九"遁"战胜"系"而结束。用"遁""系"消长方式，将六爻结合为《遁卦》的变化系统，故称之为对立因素消长结构。

三、正反相合

《谦卦》："初六 谦谦君子，用涉大川，吉。"谦逊君子，得人心，得人之助，济险渡难，到达胜利的彼岸大有希望。"六二 鸣谦，贞吉。""鸣谦"，义同《中孚》卦的鹤鸣子和。谦逊者平易近人，易得人之信赖，引起一呼百应的共鸣。"六三 劳谦君子，有终吉。"功勋卓著君子，盈若虚，有若无，谦巽待人，人更敬重，深得大众的爱戴和拥护，"万民服也"。"六四 无不利，㧑谦。""㧑"，施行。六四无时无处不谦巽，自然吉无不利。"六五 不富以其邻，利用侵伐，无不利。""不富以其邻"，言谦巽非万能，征服所有人的心，"犹有未服者，则利以征之"。《象》曰："利用侵伐，以征不服也。""上六 鸣谦，利用行师，征邑国。"谦而鸣者，相从无事；不鸣者，则兴师动众，武力征服。《象》曰："鸣谦，志未得也，可用行师，征邑国也。"初六、六二、九三、六四，诸爻辞共同表现"谦"受益的思想。我们把这四爻视为一个变化因素，名之"谦"或"柔"。六五为变化一元素，"利用征伐"，象征"刚"。上六，鸣谦为"柔"，"利用行师"喻"刚"，爻辞体现了刚柔结合，刚柔相济。六爻以刚柔结合的方式联成一体，组成一个有机的变化体系。若柔为正，则刚为反，刚柔结合是正反合，故名之为正、反、合之理。

四、大德曰生

《系辞下》曰："天之大德曰生。"天地以生物为本，天地的根本精神在于不断化生生命，创造生命是宇宙最高的品德。可以说变是对生生不息的生命精神的强调。

《剥卦》象传有云："不利有攸往，小人长也。顺而止之，观象也。君子尚消息盈虚，天行也。观颐，观其所养也；自求口实，观其自养也。"意为，观察事物的颐养现象，是观察获得养育的客观条件，应当明白用正道自求口中之食，是观察领会自我养育的正确方法。这里虽然没有明说，但是观颐的真正目的，也是为了明了天地养育万物，圣人养育贤者及万民的道理。

"庄学以'齐物而逍遥'的方式来消解主客体间的对立，培养一种超然于物外的人生态度，以求得本原的人与万有世界的合一。玄学用'适意会心'的方式纵情山水，隐息林泉，在当下的生命中对人生采取一种超知性、超功利的态度，肯定和强调个体生命的情感和意志的自由自足，禅宗则把对世间与自我的关怀熔入到'刹那间''内外彻明'的顿悟中以求证悟到'真如'本性，捕捉到世界和生命的本真面貌……表现出对生命本体意识的关注。"①

除上述之外，《周易》之天人相感之理，变通之理等都对于后世人类的生活与行为产生了重大影响。通过《周易》作者的观象——立象——设卦，观卦爻象者便能领会其意。如《系辞》中说："是故《易》者，象也，象也者，像也。"意思是《易经》的内蕴是卦象，卦象是用卦来象征事物。但是，《周易》之象并非仅是对事物表层形象的摹写反映，而是对事物深层蕴含的符号化彰显。《系辞》上云："圣人有以见天下之

---

① 胡立新、黄念然：《中国古代文艺思想的现代阐释》，中国社会出版社2004版，第180页。

赜，而拟诸其形容，象其物宜，是故谓之象。"所谓"赜"，是指幽深复杂的事理。在《周易》作者来看，"象"是圣人发现天下幽深难见的道理，把它譬拟成具体的形象，用来象征事物适宜的意义。如果仅是对外在形象的摹写与反映，那就没有多大价值了。易象又是以之表明事物变化的征兆。《系辞》上云："圣人设卦观象，系辞焉而明吉凶，刚柔相推而生变化。是故吉凶者，失得之象也；悔吝者，忧虞之象也。变化者，进退之象也；刚柔者，昼夜之象也。"即是《系辞》所说的："圣人立象以尽意，设卦以尽情伪。"这些对于古代文论中研究言意之关系以及如何观文(如刘勰六观中的观事义)都极具启示意味。

第三节 "观"之法：俯仰以观六合

"古者包牺氏之王天下也，仰则观象于天，俯则观法于地，观鸟兽之文与地之宜，近取诸身，远取诸物，于是始作八卦，以通神明之德，以类万物之情。"周易有相当成熟而完备的思维模式体系，阴阳、乾坤、刚柔、上下、远近成为明确的两极，"是故易有太极，是生两仪，两仪生四象，四象生八卦"。也就是说，两仪最初是包容在太极里的，是一体的，由此可见，阴阳、上下、远近的两极不是截然割裂的状态，而是两极复易的融生状态。乾坤之间，如《系辞下》所说的"往来无穷谓之通"，"日往则月来，月往则日来，日月相推而明生焉；寒往则暑来，暑往则寒来，寒暑相推而岁成焉。往者屈也，来者信也，屈信相感而利生焉"。恰是这种无往不复的回复圆融的思维是中国人把握宇宙体认生命的基本方式，更是中国古代文论的文化根基。

"华夏民族对天地万物的观照，乃是'仰观俯察'与'远望近察'融为一体的目光上下流动、视线远近推移的流观方式。观物取象的过程是一个圆融会通的过程，不是直上直下，定点透视，而是游走的，即远即近、即高即深、往而复返、尽收眼底的可融通的审视方式。这是中华文化观照宇宙的独特方式，更是中华文化的特质。我们的视野游走在四方六合的宇宙天际之间，这是游目，更是染指着整个内心精神世界的游心，自始至终都是心物、神形不二的。"①《易经》中所说的："仰则观象于天，俯则观法于地"，开创了关于审美观照的一种典型的方式，即是仰观俯察的观照方式。《易经》所说的是卦象取象的观照方式，但却对以后的艺术创作对于外物的观照，形成了至为深远的影响。

一、仰观俯察

观者以宇宙天地为其观照的对象，而非专以某一物为其固定的观照对象，这样，就使所取的意象至为阔大，充满寥廓的宇宙感，同时，也使审美主体成为整体的意境的中心。王羲之《兰亭集序》中的"仰观宇宙之大，俯察品类之盛，所以游目骋怀，足以极视听之娱，信可乐也"即是典型的仰观俯察式的观照方式。

南宋范晞文《对床夜语》卷二曾指出："苏子卿诗云：'俯观江汉流，仰视浮云翔。'魏文帝云：'俯视清水波，仰看明月光。'曹子建云：'俯降千仞，仰登天阻。'何敬祖云：'仰视垣上草，俯察阶下露。'又：'俯临清泉涌，仰观嘉木敷。'谢灵运：'俯濯石下潭，仰看条上猿。'又：'俯视乔木杪，仰聆大壑淙。'辞意一也，古人句法极多，有相袭者。"

这些诗例，都是采用仰观俯察的观照方式。嵇康的《赠秀才入军》中多有以仰观俯察的方式而得到的意象："仰落惊鸿，俯引渊鱼。盘于游田，其乐只且。""仰讯高云，俯托轻波。乘流远遁，抱恨山阿。""目送归鸿，手挥五弦。俯仰自得，游心太玄。"再如其诗中的"俯漱神泉，仰叽琼枝。栖心浩素，终始不亏"。嵇康诗中的这种仰观俯察是与其"游心"的思维方式联系在一起的。在他的诗中，多处出现老庄哲学味道甚浓的"游心"字样。如说"绝智弃学，游心于玄默""游心大象，倾昧修身"，"游心太玄"是与"俯仰自得"有着难以分割的关系的。

王羲之《兰亭诗》也是以仰观俯察的方式来创造意象的："三春启群

---

① 宗白华：《艺境》，北京大学出版社1989年版，第213页。

品，寄畅在所因。仰望碧天际，俯磐绿水滨。"这种仰观俯察的观照方式，造就了有广阔空间的意象，而且是以主体为中心的高下二维的广阔空间。主体的观照角度是稳定的，是站在一个基点上的。宗白华先生对此曾有精妙的论述，他说："早在《易经》《系辞》的传里已经说古代圣哲是'仰则观象于天，俯则观法于地，观鸟兽之文与地之宜，近取诸身，远取诸物'。俯仰往还，远近取与，是中国哲人的观照法，也是诗人的观照法。而这观照法表现在我们的诗中画中，构成我们诗画中空间意识的特质。"从美学的角度将这种"俯仰往还，远近取与"的观照方式，揭明为中国哲人与诗人的独特观照法。宗白华先生还举了这样一些诗歌创作中的有关例子："左太冲的名句'振衣千仞冈，濯足万里流'，也是俯仰宇宙的气概。诗人虽不必直用俯仰字样，而他的意境是俯仰自得，游目骋怀的。诗人、画家最爱登山临水。'欲穷千里目，更上一层楼'，是唐诗人王之涣名句。所以杜甫爱用'俯'字以表现他的'乾坤万里眼，时序百年心'。他的名句如'游目俯大江'、'层台俯风渚'、'扶杖俯沙渚'、'四顾俯层巅'、'展席俯长流'、'傲睨俯峭壁'、'此邦俯要冲'、'江缆俯鸳鸯'、'缘江路熟俯青郊'、'俯视但一气，焉能辨皇州'等，用'俯'字不下十数处。'俯'不但联系上下远近，且有笼罩一切的气度。"①正如司马相如在《西京杂记卷二》中曾经说过："赋家之心，包括宇宙。"

二、游观流观

韩林德先生在《境生象外》一书中，进一步强调了这种审美观照方式，称之为"仰观俯察、远望近察'流观'观照方式"，将其作为华夏美学的重要特征之一。他认为，"华夏民族对天地自然美和艺术美的审美观照，大体上都是持仰观俯察、远望近察的'流观'方式。……事实上，仰观俯察、远望近察这一'流观'方式，已经成为我们民族观照世界的

———————

① 宗白华：《美学散步》，上海人民出版社 1981 年版，第 112 页。

一个模式（定势），已经自然而然地支配着我们民族审美活动的开展，也就是说，不但在对于天地自然和艺术美的观赏中持这一观照方式，而且在日常生活中，对人对物的审视，也大抵持这一观照方式。"

"流观"的观照方式，除了有稳定视点的仰观俯察之外，还有审美主体处于游移不定的状态中的观照。这种"游观"，使诗人或画家所创造的意境更加富于变幻，呈现出多姿多彩的风貌。画论中所说的"移步换形"，即指主体身位的变化带来视点的游移，而使所见呈现出的多面景观。如果说仰观俯察主要是固定视点的上下观照，那么，远望近察则更多是主体的位置不断变换而得到灵幻多变的意境。张法先生对此作了更细的分析，他说："这种俯仰远近的游目，包含着两个方面的'游'，一是人之游，中国人不是固定地站在一点进行欣赏之观，而是可以来回走动地进行欣赏之观。游目的另一意义就是人不动而视觉移动。"远望近察明显属于前一种。

三、大无外而细无垠

仰观俯察，属于相对静观；远取近求，属于辩证动观。俯仰远近，使人的感受与认识领域通向了四荒八极的宏观追索。无怪乎中国山水画的透视是不定时不定点的任意游移性心理透视。只有这种透观，才能最大限度地表现中国人观察事物的深广度以及综合事物、把握事物的强大的主观能动力量。观属于宏观，察属于微察，观之察之，是宏观与微观的贯通，宏观可取气势、驾驭关系，微观可得性情，把握质性；宏观求宇宙之大，微观求品类之盛；宏观达万物之表，微观入万物之里。于此可见中国画观察方法的博大深微所在。

正如王夫之所说："神理流于两间，天地供其一目，大无外而细无垠。"①这种远望近察的游观方式，使诗人、画家们所取的审美境界，与

---

① （清）王夫之著，戴鸿森笺注：《姜斋诗话》，人民文学出版社1981年版，第23页。

仰观俯察的观照方式相比，或许是更为灵动变幻。视点的自由移动变换，使作品的意境既有浑茫阔大的气势，又有细致入微的妙观。"广远而微至"适可说明远望近察的观照方式所取的意境的特点。且如陶渊明诗中的"暖暖远人村，依依墟里烟。狗吠深巷中，鸡鸣桑树巅。王维的"太乙近天都，连山到海隅。白云回望合，青霭入看无。分野中峰变，阴晴众壑殊。欲投入处宿，隔水问樵夫，"杜甫的"风急天高猿啸哀，渚清沙白鸟飞回。无边落木萧萧下，不尽长江滚滚来"，苏轼的"天外黑风吹海立，浙东飞雨过江来。十分潋滟金樽凸，千杖敲铿羯鼓催"等，都是以远望近察的观照方式而得到的意境。

在远望近察的观照方式之中，"远"受到格外的重视。这是因为，远观能够得到十分独特的审美境界。审美主体在较远的距离来观照对象，可以使对象呈现为模糊朦胧的氤氲，亦可使其有着咫尺万里的"远势"。著名画论家宗炳有这样论述：

> 况乎身所盘桓，目所绸缪，以形写形，以色貌色也。且夫昆仑之大，瞳子之小，迫目以寸，则其形莫睹；迥以数里，则可围于寸眸；诚由去之稍阔，则其见弥小。今张绡素以远暎，则昆、阆之形，可围于方寸之内。竖划三寸，当千仞之高；横墨数尺，体百里之迥；是以观画图者，徒患类之不巧，不以制小而累其似，此自然之势。如是，则嵩、华之秀，玄牝之灵，皆可得之于一图矣。①

宗炳的这段话在这里首先指出的是，对山水的观照目的是以山水的形色而为山水画的形色，因而便应盘桓于山水之间作细致的观察，对山水的形色了然于心。"盘桓"这里是身入山水之境远近逡巡，"绸缪"是细察其景的意思。宗炳又提出远观与近取的差别。当然，宗炳是主张在

---

① （南朝宋）宗炳：《画山水序》，转引自史仲文主编《中国艺术史》（绘画卷），河北人民出版社 2006 年版，第 1372 页。

对山水的观照中以远观取其势的。如以面对昆仑为例，以昆仑之大，眼睛之小，如果将眼睛逼近方寸去看昆仑，那就会根本看不清山之形貌；而如果站在数里之外的距离来看，山的形貌与气势，都可以进入眸子的"取景框"之中。"去之稍阔，则所见弥小"，这里揭示了在绘画学中近大远小的透视学原理。这个命题现在来看，实在是最为基本的道理；可是从中国画学史上，此前无论是从创作还是理论，这种意识都还是很模糊的。真正在理论上加以如此明确揭载的，宗炳则是第一人。还应指出的是，宗炳在这里所要说明的意旨，并非仅是以较小的画幅来表现山水之形，而是在其形质之中生发出山水的灵韵气势。在宗炳看来，主体所晤对的山水，不仅是形质的存在，而且是有着神韵灵趣的，正如他在《画山水序》中所说的"至于山水，质有而趣灵"。表明了宗炳的美学追求不在于形似，而在于以画幅集山水之神韵。"秀"不在山水之形的本身，而在于其所蕴含的神气。

《老子》第六章云："谷神不死，是谓玄牝。玄牝之门，是谓天地根。""玄牝"就是指作为万物本根的"道"。《老子》第一章中说："此两者，同出而异名，同谓之玄。玄之又玄，众妙之门。"陈鼓应说："'玄牝之门'，'天地根'，是说明'道'为产生天地万物的始源。"宗炳所说的"玄牝之灵"，是指超越于有形的山水之质之上的灵韵。而这些，是需要"迥以数里"的远观才能得到的境界。与此相近的是唐代大诗人、大画家王维所提出的"远"的审美效果："远人无目，远树无枝，远山无石，隐隐如眉；远水无波，高与云齐。"远处观之，无论是人，是树，是山，是水，意境都是较为模糊的、朦胧的，却也因此而产生了"蓝田日暖，良玉生烟"的审美境界。

谈论中国古代艺术的审美观照方式，不能不涉及北宋著名画家郭熙在《林泉高致》中所提出的有关观点。郭熙提出了著名的山有"三远"说，即"高远、深远、平远"，这是郭熙所总结出的山水画家在观照山水时的三种不同的远观的审美观照方式，对于山水的艺术实践，有非常重要的指导意义。

而实际上郭熙在《林泉高致》中所阐发的绘画理论，有更为丰富的美学意义。对于山水画创作中的审美观照问题，郭熙的看法是颇为全面而深刻的，值得我们借鉴。在当代美学理论的建构中，也有不同寻常的价值所在。在郭熙看来，自然山水是气象万千、千姿百态的，只有对山水做全方位、多侧面的深入观照，才能真正把握山水之美的真谛所在。因此，他并非单纯地推崇远观，而是对"远望"和"近看"作了辩证的分析。不仅如此，他还对从各个侧面来看山和四时看山之不同，都作了分析。郭熙如此说：

> 学画花者，以一株花置深坑中，临其上而瞰之，则花之四面得矣。学画竹者，取一枝竹，因月夜照其影于素壁之上，则竹之真形出矣。学画山水者何以异此？盖身即山川而取之，则山水之意度见矣。真山水川谷，远望之以取其深，近者之以取其浅；真山水之岩石，远望之以取其势，近看之以取其质，真山水之云气，四时不同：春融冶，夏蓊郁，秋疏薄，冬黯淡；画见其大象，而不为斩刻之形，则云气之态度活矣。真山水之烟岚，四时不同：春山澹冶而如笑，夏山苍翠而如滴，秋山明净而如妆，冬山惨淡而如睡；画见其大意而不为刻画之迹，则烟岚之景象正矣。真山水之风雨远望可得，而近者玩习不能究一川径遂起止之势；真山水之阴晴远望可尽，而近者拘狭不能得一山明晦隐见之迹。①

郭熙不仅重视"远望"的观照方式，而且也辩证地看到"近看"的效果。远望可以得山水之势，近看则可以得山水的形质，都是不可缺少的。四时看山水的烟岚景象是有很大不同的，春山如笑，夏山如滴，秋山如妆，冬山如睡，这都是山水四时的整体意态。远望可以得其势，近

---

① （宋）郭熙：《林泉高致》，转引自史仲文主编《中国艺术史》（绘画卷），河北人民出版社 2006 年版，第 1430 页。

看可以得其质，不仅是对山水的岩石来说的，也有着普遍性的美学意义。当然，全面地看郭熙的画论，他还是更为重视"远望"的观照方式的。"山水之势"是其山水画的追求目标。所以他强调"画见其大象，而不为斩刻之形"。郭熙进一步指出移步换形地看山的观照方式，他说：

> 山，近看如此，远数里看又如此，远十数里看又如此，每远每异，所谓"山形步步移"也；山，正面如此，侧面又如此，背面又如此，每看每异，所谓"山形面面看"也；如此是一山而兼数十百山之形状，可得不悉乎？山，春夏看如此，秋冬看又如此，所谓"四时之景不同"也；山，朝看如此，暮看又如此，阴晴看又如此，所谓"朝暮之变态不同"也；如此是一山而兼数十百山之意态，可得不究乎？①

变换各种角度、各种方位来观照景物，这样可以得到山的千姿百态的不同风貌，从而产生了观照山水时的美感的丰富性。同时，这种移步换形的观照方式，还可以使某个个体的山，在主体的审美观照中"兼数十百山"的审美效果，达到"以少总多"的审美效果。

《周易》观象所用的仰观俯察之法，充分强调了对于事物的各个角度各个层面，广远与精微并重的观察，以及在观物之时体悟宇宙天地万物之道。这种全面的观物体物方式，是观气形，得其神，是目与心的会通，物与我的汇通，它给予了中国艺术理论以无尽神韵与气度，也使传统文论的鉴赏理论展现出了民族特色。

第四节　"观"之用：神道设教，下观而化

《周易》经传中"观"就是对外界物象的直接观察、直接感受。观物

---

① （宋）郭熙：《林泉高致》，转引自史仲文主编《中国艺术史》（绘画卷），河北人民出版社 2006 年版，第 1431 页。

的目的在于取象，取象的目的在于拟诸形容，象其物宜，以类万物之情，因此，观物者，不仅仅是观赏自然风景以使心情畅悦，而是带有目的性的观物和取象。

观卦六四爻辞：六四。观国之光，利用宾于王。《象》曰："观国之光，尚宾也。"《尚书·周书·微子》："修其礼物，作宾于王家"，观者重视观光礼仪，从其政治目的看，一方面似在显示国力强盛，另一方面又可借此吸引人才。因此被观仰者也并非被动的被观仰，而是有目的，有意图地示人。《周易正义》云："观者，有以示人，而为人所仰者也。"观卦《彖》传说："大观在上，顺而巽，中正以观天下。观，盥而不荐，有孚颙若，下观而化也，观天之神道，而四时不忒。圣人以神道设教，而天下服矣。"观卦指出美盛善德可以感化人心，观者观仰大自然运行的神妙规律并效法，就可以使天下顺从美好的教化。

《观卦》所论的"观民设教"，把下观上和上观下融合为一体，表明居上者先须广泛体察下情，才能正确地设教于民，让天下民众观仰。刘牧指出："风行地上，无所不至。散采万国之声诗，省察其俗，有不同者，教之使同。"①从《周易》的本义以及后人的理解来看，其对于民与我生之观大意几在于"教化"。

"诗言志"的提出即具有教育的因素，据《尚书·尧典》记载，舜是在指示大臣教育子弟时提出诗言志的，他要求将诗歌作为教育的内容。其他古代典籍也有用诗歌进行教育的记载。《周礼·大司乐》载："以乐语教国子"，上古时代诗与乐是不分的，"乐语"也就是诗歌，可见在上古时期认为诗歌具有教育作用是一种广泛的认识，而这种教育又多着眼于政治、道德方面。清人刘毓崧在《古谣谚序》中曰："千古政教之源，未有先于'言志'者矣。"可以说，"诗言志"这一中国诗学的"开山纲领"，从其被提出起，便赋予了教化论的含义。

文学教化论是以文学为社会政治、伦理道德服务为出发点，以文学

---

① 黄寿祺、张善文：《周易译注》，上海古籍出版社2004年版，第161页。

发挥社会政治、伦理道德教化作用为目的，以文学对社会政治、伦理道德的影响为衡量标准，考察文学规律，评价文学是非得失的文学理论。

一、观风察俗

《观卦》九五《象》曰："观我生，观民也。"说明九五应当通过观察民风来自我审视。"'观生观民'卦象所显示的是君子以积极的姿态，察己正身而德化万民。影响于文论，则鼓励文学创作去讽谏社会政治得失，从而促进古典批判现实主义优良传统的形成……正可见《易》道'观生观民'的理论影响，'观风''风化''风刺'在文学领域获得了蓬勃的活力。"①从中国古代文论家关于文学的社会功能的诸多论说看，其内容包括两个方面：一是"观风察俗"说；二是"风教"说。前者发挥认识功能，后者发挥情感感化功能。观风察俗强调的是文学与社会政治的关系，即所谓兴礼义、振王道、察民情；观风察俗与文学相关的不外乎"美""刺"。

"美刺"说的产生，标志文学教化论与社会政治的直接联姻。"美"和"刺"都具有教化意义，其分别的切入点则有正反之分，"论功颂德，所以将顺其美；刺过讥失，所以将匡救其恶"。②前者褒扬，是"为法者彰显"；后者批评，是"为戒者著明"。"美"和"刺"的对象都是执政者，其目的都是为了能使社会政治走上正轨，得以按照上古理想社会的模式良性发展。"美""刺"的实质是对执政者间接实施教育感化，从而达到影响政治、改良社会的目的，与先秦直接利用诗歌进行教育相比，"美刺"说体现了诗歌教化功能的演变和延伸。由于深受在中国封建社会占主导地位的儒家思想的影响，古代文人多具有强烈的社会责任感，不论身处何境，都要以拯天下、济苍生为己任，时刻关注着社会的倾斜、道德的沦丧。在文学教化论中特别注重"刺"的作用，对"刺"的理论阐释

---

① 蒋凡、张小平：《周易对古典美学和文论批评的影响》，内蒙古师范大学学报 1994 年第 1 期。

② 郑玄：《诗谱序》，阮元刻《十三经注疏》本《毛诗正义》卷首。

也更为深入。"刺"由早期的"下以风刺上"的规劝批评,逐渐发展为对社会不良现象的揭露和批判。其根本目的仍是企望运用诗歌的形式反映现实,来影响感化执政者,"惟歌生民病,愿得天子知"。以达到改变社会政治状况的目的。在文学教化论中,"美刺"说与政治的关系最密切,是最直接地阐释文学必须为政治服务的理论范畴。

孔子说诗"可以观"的"观",就是观察的意思。孔子这"观"的含义是丰富的:以"观"的方式来看,根据"兴""观""群""怨"的整体思想来考察,它不是侧重理智的冷峻的观察,而是带有爱憎好恶情感色彩的观察。这种爱憎好恶的情感,在诗"可以观"中主要是一种审美化了的道德情感,它同"仁""礼"有着密切的直接联系。所谓诗"可以观",就是透过诗中流露和表现的具有审美意义的道德情感进行观察,从而提高认识能力。从"观"的对象来看,孔子侧重说的是考察风俗的盛衰和政教的得失,而"仁"和"礼"则是孔子所谓"观"的出发点和归宿。除这一主要对象外,孔子同时也提出了诗可以"多识鸟兽草木之名"的功用。由此可见,孔子关于文学的认识功能论主要表现在认识社会和认识自然两个方面。

明确提出"观风察俗"这一文学功能的是唐代刘知幾,他在《史通·载文》中认为诗文"足以惩恶劝善,观风察俗者矣","夫观乎人文,以化成天下;观乎国风,以察兴亡"。

二、观民设教

《象》曰:"风行地上,观;先王以省方观民设教。"风教强调的是文学与伦理道德的关系,即所谓"经夫妇、成孝敬、厚人伦"。古代文论家所强调的"风教",其内容主要指儒教所规定的政治和道德的伦理范畴,其方式是以情感化。

《毛诗序》继承了《周易》"观民设教"之精神,"风之始也,所以风天下而正夫妇也,故用之乡人焉,用之邦国焉。……风以动之,教以化之。""先王以是经夫妇,成孝敬,厚人伦,美教化,移风俗。"《毛诗序》

将文艺的教化作用看作文艺的根本目的。其观点与《周易》观卦大象传和象传的思想相同。"在这样的精神气候下，中国文学思想的第一个突出之点是，把伦理价值作为判断作品的最重要的标准。"①《毛诗序》继《周易》的"观民设教"说之后明确提出文学的"教化"功能说，风体诗能通过感化来教育人。"教化"说的实质在于通过"化"来达到"教"，即"化"是手段，"教"是目的。《毛诗序》的作者用这"教化"说来表述文学的这方面功能是十分确切的，因为文学不同于社会科学，其基本特性是形象性和情感性，因而发挥功能的方式和效果是有其特殊性的，具体表现就在这"化"字上。显然其认为诗歌具有教育作用，但是这种教育与其他的教育不同，它是"风以动之"，即要运用艺术的语言、艺术的形式；"教以化之"则是说这种教育是侧面的、委婉的，是在不知不觉的潜移默化中完成的。

在《毛诗序》之后，历代文论家继承并发展了"风教"说。如王充在《论衡·对作篇》中明确地提出："作有益于化，化有补于正。"王充的所谓"作"，指"经艺""传记"等，当然也包括文学作品在内。而葛洪在《抱朴子·外篇》中则明确提出了"夫文学者，人伦之首，大教之本也"的观点。萧统在《陶渊明集序》中认为"读渊明之文"，"有助于风教"。唐代魏徵更是推崇文学的这种教化作用，他在《隋书·文学传序》中指出："然则文之为用，其大矣哉！上所以敷德教于下，下所以达情志于上，大则经纬天地，作训垂范，次则风谣歌颂，匡主和民。"

我国古代文论家是充分认识到文学的以情动人的特性的。元结在《系乐府序》中认为"尽欢怨之声者，可以上感于上，下化于下"。白居易在《读张籍古乐府》中也有类似的说法："上可裨教化，舒之济万民；下可理情性，卷之善一身。"唐代以前的这些文论家所论文学的"风教"作用，都是就一般的诗文角度而言。明清时代，由于小说、戏曲创作的

---

① 王先霈：《中国古代文学思想的几个特点》，《海南师范学院学报》(社哲版)2002年第3期。

繁荣，因而关于小说、戏曲的"风教"功用论也就随之出现。如明代李开先在《闲居集》中就曾经认为传奇有"与人心风教俱有激劝感移之功"。戏曲创作家兼理论家汤显祖对戏曲的"风教"功能更是作了充分论说："可以合君臣之节，可以浃父子之恩，可以增长幼之睦，可以动夫妇之欢，可以发宾友之仪，可以释怨毒之结……"金圣叹在《水浒传回评》中认为小说具有强烈的感化功用，能促使人猛然醒悟。他说《水浒》"写鲁达为人处，一片热血，直喷出来。令人读之，深愧虚生世上，不曾为人出力。"吴敬梓在《儒林外史》中也说："读之者无论是何人品，无不可取以自镜。"

可见，我国古代文论家深刻认识到无论什么题材的文学作品，对人的"风教"功能都是潜在的深刻的，这种潜移默化，就像春风化雨，润物细无声。文学的这种"风教"功用是由它的特质决定的，这也说明我国古代文论家对文学的情感性、形象性已自觉或不自觉地有所认识，而且认识的程度是随着文学和文论的发展而不断明确和深化的。

三、文以明道

周易之观物取象，立象设卦之社会意义在于观民设教，如何使象能够起到尽意设教之意呢？前文谈到，观象而知幽明之故，象中承载了不尽之意，而神道设教，以天之神道来教化民众，因而在卦象与爻象就不仅止于占卜之事，而是为了"立象以尽意"，这种立象尽意的思维方式引入到文论领域，便可联想到"文以明道"问题。

如前文所云"美刺"说重在阐释文学与具体的社会政治现象的关系，而"文以明道"说则重在阐释文学与抽象的儒家政治理想的关系，后者是对前者的超越。从刘勰的"道沿圣以垂文，圣因文而明道"；到韩愈的"君子居其位，则思死其官，未得位，则思修其辞，以明其道"①；再到周敦颐的"文所以载道也"，表现出了中国古代文论家对文学认识

---

① （唐）韩愈：《争臣论》，《全唐文》，中华书局 1983 年版，第 5638 页。

的重大转变。从对文学与现实社会政治、道德的表层关系的认识，逐渐转向对文学与抽象的儒家精神、治世理想、人格修养的深层关系的认识，转向考察文学内在的张力和深度。刘勰、韩愈、周敦颐所说的"道"虽各有侧重面，意义有所不同，但根源都可归结到治世修身的精神。

在"美刺"说范畴中，文学本身并不具有"美刺"的意义，文学只是被用来表现"美刺"的外壳，或者说"美刺"是内涵，文学是形式，二者是分离的。在"文以明道"说范畴中，道即是文，文即是道，文道合一，文道不分。欧阳修甚至认为明道即是好文，好文自能明道，他说："其充于中者足，而后发乎外者大以光。"①内道外文，相得益彰。在"文以明道"说范畴中，文学具有更普泛的教化意义，因为文学不必有意去制造教化的效应，它本身就是"道"，就具备教化功能。文学"从写作而言，虽不有意为美刺，有意彰明教化，而无不有益于教化；从赏评而言，也不必局限于探求其所美所刺，而可进一步体味其深蕴的具有普遍意义的'道'"。②

文学教化论的滥觞是实用性很强的社会功能论，从"诗言志"到《周易》的"观民设教"到"不学诗，无以言"，再到"美刺"说，着眼点都是诗歌对社会的作用和影响。刘勰认为"文之枢纽"是"本乎道，师乎圣，体乎经"，也就是说，文学的本质是"道"，而"道"就保存在圣人传下的经典之中，道与文是密不可分的。在刘勰的启迪下，后人进一步提出了"文以载道""文以明道""文道合一"等学说，这些道虽有层次上的差异，但主体则都是指儒家的社会政治理想和道德修养，而这正是中国古代封建社会最持久最有生命力的教化内容，它又是文学生命力之所在，正如朱熹所说："道者文之根本，文者道之枝叶。惟其根本乎道，所以

---

① （宋）欧阳修：《与乐秀才第一书》，《欧阳修全集》第3册，中华书局2001年版，第985页。

② 复旦大学中文系编：《卿云集续编：复旦大学中文八十周年纪念文集》（上），上海古籍出版社2005年版，第190页。

发之于文皆道也。三代圣贤文章，皆从此心写出，文便是道。"（朱熹《朱子语类》卷一百三十九）在这些论述中，教化已成为文学的内涵、生命，这同先秦将文学作为实施教化的一种形式或手段的认识，有着明显的区别。其考察的角度从文学的作用转向文学的本质，将政治道德教化内涵视为文学的生命，可以说是文学教化论的独特的文学本体论。

文学教化论在作家论方面强调作家的人格道德修养，"文品出于人品"，"文如其人"，这方面的理论阐释在中国古文论中甚多，它将作家的人格道德与文学创作直接联系起来。文学教化论强调的人格道德包括作家的强烈的社会责任感和纯洁的伦理道德品质，教化论的文论家将文学赋予了改革社会政治、改良社会风气、改造人们思想的重大责任，同时也要求创造文学的创作者必须具有特殊的道德素质，这种道德素质就是以实现儒家政治理想为奋斗方向，以儒家伦理道德理想为人格内涵，即所谓"兴于诗，立于礼，成于乐"。古代文论家对杜甫的推崇就很能说明问题，杜甫之所以被推至诗圣的崇高地位，不仅是因其精湛的诗歌艺术成就，更因其诗歌中展现的高尚的人格道德，即"穷年忧黎元"的民本思想、"济时肯杀身"的献身精神和"致君尧舜上，再使风俗淳"的政治理想。文学教化论对作家人格道德的修养的要求往往超过对其艺术修养的要求，欧阳修甚至认为："大抵道胜者，文不难而自至也。"从作家论角度看，他实际上认为，作家的道德品质完善了，其艺术修养自然能达臻完善。文学教化论张扬的是以高尚的人格道德为中心的作家论。

文学教化论认为文学应该传递影响社会政治、伦理道德健康发展的信息，主要是儒家的政治理想和伦理道德规范。如何有效地传达这种信息，应有一定的规范和要求，也就是文学创作要有一定的表现手段和方法。《毛诗序》最早研究如何在诗歌中表达政教的内容，由此提出著名的"主文谲谏"说，主张诗歌应采用委婉的方式和隐约的言辞表达政治上的建议和批评，因为直截了当的政治批评不容易让执政者接受，甚至可能引起反感，达不到诗歌的教化目的。郑玄《毛诗笺》释"主文谲谏"曰："主文，主与乐之宫商相应也。谲谏，咏歌依违，不直谏也。"孔颖达在《毛诗正义》中对郑玄的话作进一步说明："其作诗也，本心主意，使合于宫商相应之文，播之于乐。而依违谲谏，不直言君之过失，故言之者无罪。"由于"主文谲谏"说倡导的含蓄委婉的表达方式能较好地发挥文学的教化作用，因此，与之相应的比兴手法受到历代文论家的特别青睐，"温柔敦厚"则成为文学教化论最推崇的美学风格。

自《周易》之观民设教之始，文学教化论在功用论、本体论、作家论、创作论及风格论方面都是以政教为中心而展开理论探讨，由此而构成有自身特色的理论体系。中国古代文学理论家把文学的社会政治和伦理道德教化作用视为文学创作主要甚至唯一的目的，并将其作为亘古不变的正确原则，在两千多年中不断地、反复地提倡。在中国古代文学理论发展史中，文学教化论以顽强的生命力始终占据着正统地位，确实有其存在的价值和理由。

《系辞上》说："明于天之道而察于民之故，是兴神物，以前民用。"金景芳先生指出："'天之道'是指自然，'民之故'是指社会。'明于天之道而察于民之故'，是说作《易》者既了解自然又了解社会。'是兴神物'，是说了解自然和社会以后，于是创立蓍卦。……蓍卦虽号称'神物'，但蓍卦之所以神，并不在于蓍卦本身，而在于它所蕴藏着的天之道和民之故。"①《周易》"大观在上"对于人事德行的关注，观象而"知幽明之故"的天文与人事的比对，"仰观于天文，俯察于地理"的全面观照的体物方式，"神道设教，下观而化"的教化意旨，这些看似与文论无关的言辞，包蕴了古代文论创作论、鉴赏论的诸多构成要素。

---

① 金景芳：《周易讲座》，广西师范大学出版社 2005 年版，第 53 页。

第四章　儒道释三"观"

第一节　儒家之观：观其志 观其行

在中国儒家教义中，有一种人品观，把人生的意义与价值作为评判标准，把人分作几种品类。即如自然物乃至人造物，亦同样为他们品第高下。无生物中如石与玉，一则品价低，一则品价高。有生物中，如飞禽中之凤凰，走兽中之麒麟。水生动物中，如龙与龟，树木中如松、柏，如梅、兰、竹、菊。人造物中，如远古传下的钟、鼎、彝器，以及一应精美高贵的艺术品，在中国人心目中，皆有甚高评价。

中国人的人品观中，主要有君子与小人之别。君者，群也。人须在大群中做人，不专顾一己之私，并兼顾大群之公，此等人乃曰"君子"。若其人，心胸小，眼光狭，专为小己个人之私图谋，不计及大群公众利益，此等人则曰"小人"。在班固《汉书》的《古今人表》里，把历史人物分成九等。先分上、中、下三等，又在每等中各分上、中、下，于是有上上至下下共九等。历史上做皇帝，大富大贵，而列入下等中，乃至列入下下等的不少。上上等是圣人，上中等是仁人，上下等是智人。中国古人以仁智兼尽为圣人，故此三等，实是一等。最下下等是愚人。可见中国人观念，人品分别，乃由其智愚来。若使其知识开明，能知人道所贵，自能做成一上品人。因其知识闭塞，不知人道所贵，专为己私，乃成一下品人。故曰："先知觉后知，先觉觉后觉"，此则须待有教育。苟能受教育，实践人道所贵，则人皆可以为尧舜。人类的理想，乃使人人同为上等人，人人同为圣人，此是中国人的平等观。

物如此，人亦然。故中国人常连称人物，亦称人品。物有品，人亦有品。天地生物，应该是一视同仁的。但人自该有人道作为标准来赞助天道，故曰"赞天地之化育"，中国人贵能天人合德，以人来合天。不主以人蔑天，亦不主以天蔑人。在中国传统教育中，有其天道观，亦有其人道观。有其自然观，亦有其人文观。两者贵能相得而益彰，不贵专走一偏。"视其所以，观其所由，察其所安。人焉廋哉？人焉廋哉？"（《论语·为政第二》）他认为，只要按照这种循序渐进的"视""观""察"的三个步骤去考察、识别一个人，那么这个人的才能、品性等各方面情况就在掌握之中而无所隐匿。懂得了这种简单有效的方法，对我们今天认识、了解一个人，具有方法上的借鉴和启示。现结合《论语》等文献的诸多记载，论述如下：

第一步，"视其所以"。宋代思想家、教育家朱熹解曰："以，为也。为善者为君子，为恶者为小人。"①这就是说，识别一个人，首先看他在行动上追求的是什么，是汲汲于名利权势还是追求道义、责任？是只想索取还是有所奉献？是见利思义还是见利忘义？是饱食终日无所用心还是乐观向上积极进取？孔子之所以最欣赏他的弟子颜回，就是因为颜回"一箪食，一瓢饮，在陋巷，人不堪其忧，回也不改其乐"。（《论语·雍也第六》）颜回虽然物质生活条件很差，但他从来不怨天尤人，而是安贫乐道，努力上进，以至于孔子赞叹道："惜乎！吾见其进也，未见其止也！"（《论语·子罕第九》）一个人的行为追求，往往是他的人生观、价值观的反映。行动上只追求名利权势、只求索取不思奉献的人，必定是不善之人，往往不足与共谋理想和事业，正如孔子所言："君子上达，小人下达。"（《论语·宪问第十四》）"君子喻于义，小人喻于利。"（《论语·里仁第四》）君子与小人的分野首先从其行为追求和志趣中可见一斑。孔子认为，"士志于道，而耻恶衣恶食者，未足与议

---

① 朱熹：《四书章句集注·论语集注》，中华书局 1983 年版，第 56-69 页。

也。"又说："放于利而行，多怨。"(《论语·里仁第四》)一门心思为自己捞取好处，不顾别人利益的小人，必定会遭众人的怨恨。相反，"修己以敬""修己以安人""修己以安百姓"(《论语·宪问第十四》)，行动上勇于担当、乐于奉献，努力上进的人，才具有可观可取的一面。

第二步，"观其所由"。朱熹解曰："观，比视为详矣。由，从也。事虽为善，而意之所从来者有未善焉，则亦不得为君子矣。或曰：'由，行也。谓所以行其所为者也'。"一个人在行为追求上为善，具有可观的一面，是不是就一定会在道德、品行上也贤良方正呢？不一定，还得进一步加以考察。这里的"观"比之第一步的"视"进了一步，"有"比"以"也更深入。"由"，在这里含有达到目标的途径、方法、手段的意思。一个人在行动追求上表现出善的一面还不够，我们还得深入一步，观察他通常采用何种手段与方法来达到自己的目标追求。在这里，目标(动机)的善与方法(手段)的善要统一起来才行。比如说，富贵，是人人都想得到的；贫贱，是人人都想摆脱的。然而取得富贵、摆脱贫贱的手段就有善与恶之分。倘若以损人利己、化公为私的不道德的甚至违法乱纪的手段来达到目的，就肯定是不善的，注定要受到道德的谴责甚至法律的制裁。再比如，一个歌星参加义演，从表面看来是为善，但如果他(她)并不是本着自己的同情心和道德感从事此一活动，只为作秀而来，只想着借此扩大自己的知名度，便于自己以后可以捞取更多的名和利，则此等行为就不足为善，因为他的动机有问题。所以，孔子说："富与贵是人之所欲也，不以其道得之，不处也；贫与贱是人之所恶也，不以其道得之，不去也。"(《论语·里仁第四》)又说："富而可求也，虽执鞭之士，吾亦为之。如不可求，从吾所好"；"不义而富且贵，于我如浮云。"(《论语·述而第七》)可见，孔子所看重的，是一个人善的行为追求必须与善的手段和方法的统一，这是伦理学上一个最基本的原则：目的的善并不能自动地证明手段的善。所以，第二步的"观"较之第一步的"视"前进了一步，要求"视其所以"必须与"观其所由"统一起来，不能只看到一面而不顾其余。

第三步,"察其所安"。这一步较之前两步的考察,更加深入。"察,则又加详矣。安,所乐也。所由虽善,而心之所乐者不在于是,则亦伪耳,岂能久而不变哉?"①有了前两步的考察,一个人的才学、品性,是否就完全把握住了呢? 回答是:不一定。还得有更进一步的考察。为什么呢? 这就涉及人的复杂性问题。有学者曾经考察说,英文中"person"一词,渊源于古拉丁语的"面具"一词,意指"人"在一定程度上是一种戴着面具生活的动物。对此,我想每个人都有一定的经验和体会。孔子曾说:"质胜文则野,文胜质则史。文质彬彬,然后君子。"(《论语·雍也第六》)"质",指的是一个人内在的品性和真性情,主要体现为一个人先天的秉性和气质;"文",指的是一个人在后天所接受的文明礼义教化,更多地体现社会生活中的道德要求。孔子所期望的,是一个人先天的真性情与后天的道德礼义的恰当结合,本着真性情而行文明礼义。这样的人,才是谦谦君子。可是,世界上偏偏有不少人,文饰太过而失去了自己内在的真性情,就变得表里不一,有人格分裂之倾向,徒有外表上的君子之貌,而把自己真实的一面隐匿、遮蔽起来了。这样的人,往往在大庭广众之下,表现出正直、诚实、善良、无私的一面;在师长面前,表现出自己最优秀的一面。然而实际上他的内在的品性却完全是另外一回事。

孔子对此等人有深刻的了解和认识,并表示出极大的反感。他说:"巧言令色,鲜矣仁!"(《论语·学而第一》)又说:"乡愿,德之贼也。"(《论语·阳货第十七》)还说:"巧言、令色、足恭,左丘明耻之,丘亦耻之。匿怨而友其人,左丘明耻之,丘亦耻之。"(《论语·公冶长第五》)可见,自古以来,就不乏这样的好好先生,外表上忠诚谨慎,逢人尽说好听的话,八面玲珑,装出一副和善的老好人样子,而骨子里自私自利、欺世盗名甚至阴险毒辣。在其巧言令色的背后,常怀有不可告人的心思。历史上李林甫之"口蜜腹剑",就是一个典型。担任各级领

---

① 李泽厚:《论语今读》,生活·读书·新知三联书店 2004 年版,第 481 页。

导职务的人，通常会遇到这样的人。这样的人，因其"唯唯否否，含含糊糊，左右既逢源，摇摆又不倒；名誉归，人缘好；大家都喜欢，自己也'完满'"①往往使人上当受骗，他自己总能成为生活中的优胜者、幸运儿、富贵人，或高官厚禄，或平稳一生。面对社会生活中这样的人，孔子告诫大家，"乡愿"和好好先生，实在是道德的祸害！我们不要被表面的东西蒙住了双眼，要进一步"察"之。《论语》有诸多这样的记载。如子贡与老师之间的一段对话——子贡问曰："乡人皆好之，何如？"子曰："未可也"。"乡人皆恶之，何如？"子曰："未可也。不如乡人之善者好之，其不善者恶之。"(《论语·子路第十三》)又如："众恶之，必察焉；众好之，必察焉。"(《论语·卫灵公第十五》)。为什么"众好之"还要"察"呢？因为在现实中，得到众口一词称赞的不一定是贤才，很多人都不欣赏的不一定是庸人，"唯仁者能好人，能恶人。"(《论语·里仁第四》)唯有仁者无有私心，能以真情示人，故能有好有恶。但对普通人而言，"好善而恶恶，天下之同情，然人每失其正者，心有所系而不能自克也"。②

　　这里有两个方面的情况：其一是"好人"者，面对各式各样的人，若对方是自己亲近之人，就容易对他产生好感，哪怕对方可能是小人；若对方为自己所恶之人，或与自己有利益冲突之人，就容易疏远甚至有厌弃之感，哪怕对方可能是君子。正如先贤所言："人心所从，多所亲爱者也。常人之情，爱之则见其是，恶之则见其非。故妻孥之言，虽失而多从；所憎之言，虽善为恶也。苟以亲爱而随之，则是私情所与，岂合正理？"③天下之大，能真正公正、无私、坦荡地对待他人者，能有多少？其二是"被好"者，有不少就属于孔子所说的那种八面讨好、没有原则但善于讨好卖乖、逢迎阿谀，把自己的真情隐匿起来的"乡愿"。

---

①　李泽厚：《论语今读》，生活·读书·新知三联书店 2004 年版，第 481 页。
②　朱熹：《四书章句集注·论语集注》，中华书局 1983 年版，第 69 页。
③　朱熹，吕祖谦：《近思录·处事之方》，山东友谊出版社 2001 年版，第 24 页。

所以，孔子主张对人的观察识别，不能仅靠前两步的"视"和"观"，还得进一步地"察"。如何"察"之呢？"察其所安"。"所安者，言其本心所主定止之处也。"①"人总有意无意戴着各种假面具，生在世上，活在人群，于是有此'视'此'察'。'我与你'的世界总被'我与它'的世界阻挡。"②一个人在众目睽睽之下，在师长眼皮底下的言语、行为并不能完全、准确地代表他的品性和人格，甚至不是其人格的重要因素；更能代表一个人人格、品行的往往是他在私底下、在领导和师长视野之外的追求和志趣，能够安于什么，不能安于什么。管理大师松下幸之助曾说，一个人在大庭广众之下该正襟危坐的时候能做到正襟危坐，这不算什么；一个人能够在"他人的目光"之外、在个人独处的时候仍然能保持正襟危坐，这才是了不起的，因为这是他揭下了各种假的面具，以真实的一面面对自己的时候，其所作所为、志趣爱好才真正体现出他的"本心所主定止之处"，是他的真实品性的自然而无所隐匿的流露。传统儒家一直强调"君子慎其独"（《中庸·第一章》），其用意不可谓不深远。

以上就是孔子观人、识人的三步法——由"视其所以"而观其行为追求的正当性，次由"观其所由"而观其达到自己目标追求的方法及手段的正当性，再由"察其所安"而观其私底下个人独处时的志趣爱好是否与大众看到的一致，是表里如一、内外通透还是善于伪装、欺世盗名。通过这样层层深入的考察和识别，"人焉廋哉"？

第二节　道家之观：万物并作 吾以观复

如何"观"万物及自身，是先秦诸子著作中的重要命题。以老庄为代表的道家主张以道观物，排除先见、情感的干扰。《老子》第五十四章中有："故以身观身，以家观家，以乡观乡，以邦观邦，以天下观天

---

① 李泽厚：《论语今读》，生活·读书·新知三联书店 2004 年版，第 481 页。
② 李泽厚：《论语今读》，生活·读书·新知三联书店 2004 年版，第 481 页。

下。吾何以知天下然哉？以此。"在老子看来，"吾所以有大患者，为吾有身，及吾无身，吾有何患？故贵以身为天下，若可寄天下；爱以身为天下，若可托天下"(《老子》第十三章)。除去身累和情累，才会还原事物的本来面目，通晓天下之普遍至道。老子又言："致虚极，守静笃。万物并作，吾以观复。"(《老子》第十六章)他主张舍弃智巧嗜欲的活动，回复人心原本清明透彻的状态。老子强调以身为天下，以天下观天下，所以他否定以一己之见掩盖事物的真相，所谓"圣人无常心"。庄子反对贵贱、小大等差别意义上的对立，他主张"齐物"，如庄子在《德充符》中说："自其异者视之，肝胆楚越也；自其同者视之，万物皆一也。夫若然者，且不知耳目之所宜，而游心乎德之和；物视其所一而不见其所丧，视丧其足犹遗土也。"庄子把"道"提到了一个高度，他认为以物观之、以俗观之、以差观之、以功观之、以趣观之都是背离事物自然本性的，他主张"以道观之"。

《老子》八十一章中，作为思想语汇的"观"见于其中的三章，分别是："故常无欲，以观其妙；常有欲，以观其徼"(《老子·一章》)；"致虚极，守静笃。万物并作，吾以观复"(《老子·十六章》)；"故以身观身，以家观家，以乡观乡，以国观国，以天下观天下"(《老子·五十四章》)。此三章的具体表述，亦见于马王堆汉墓帛书《老子》的甲本和乙本，而通行本第五十四章的说法也见于郭店楚墓竹简《老子》乙组节抄本。由帛书本和竹简本推断，王弼本《老子》关于"观"的表述，应是《老子》原有的内容。从《老子》言"观"的三章看，老子对"观"的本义和引申义有所继承。老子对"观"与"视"也做了区分。"视"只是一般的"看"，如"视之不见，名曰夷"(《老子·十四章》)，而"观"不是一般的"看"，乃是深入地"看"，如"万物并作，吾以观复"(《老子·十六章》)。在老子这里，"观"更突破了传统意义的限制。"观"的主体，不再局限于所谓的尊者，只要是修道者，即可以"观"。"观"的对象，不再具有神道的属性，而是形上之"道"及"道"在经验性的对象上的表现，所谓"观其妙""观其徼"与"以身观身，以家观家"等。

"观"作为修道的实践方式和认识方式，可以作为我们把握老子思想的"入道之要"。

《老子》第一章是老子言"道"的最核心的内容，这一章也包含了老子言"观"的要义。《老子·一章》说："道可道，非常道。名可名，非常名。无名天地之始，有名万物之母。故常无欲，以观其妙；常有欲，以观其徼。此两者同出而异名，同谓之玄。玄之又玄，众妙之门。"《老子》首章，在句读上有不同的处理。如究竟是"故常无欲，以观其妙；常有欲，以观其徼"，还是"故常无，欲以观其妙；常有，欲以观其徼"，便有不同。早期的帛书本、河上公本和王弼本《老子》均为前面一种。宋司马光、王安石、范应元、苏辙以及近现代的大多数学者，所肯定的是后一种断句。其理由可归纳为："无欲"固然可以把握道的奥妙，"有欲"又何以能观道呢？况且，《庄子·天下》有"老聃闻其风而悦之，建之以常无有"，"常无"和"常有"应为老子的思想语汇。笔者认为，这种理解，言之成理，是可以接受的。不过，帛书本、河上公本和王弼本这些早期《老子》文本的表述，也有其深意，"无欲""有欲"断句，强调的是修道主体的精神状态。如河上公《章句》说："人能常无欲，则可以观道之要"，"常有欲之人，可以观世俗之所归趣也"；王弼《注》曰："故常无欲空虚，可以观其始物之妙"；"徼，归终也……故常有欲可以观其终物之徼也"。而第二种断句法，更主要的是致思"道"之"有""无"性质。如王安石说："道之本出于无，故常无，所以自观其妙。道之用常归于有，故常有，得以自观其徼。"①即是说，道体以无为本，道用则为常有。

修道主体和道之体用两个方面对道的把握并非不能统一起来，其关键乃是作为修道实践的"观"。因为，无论是以"无""有"为读，还是以"无欲""有欲"为读，其主语都是修道者，其最终落实处都是"观其妙""观其徼"，也即修道者的"观"。"欲者，要也"，修道者在"观"的实践

① 转引自陈鼓应：《老子注译及评价》，中华书局1984年版，第57页。

中，以"无欲"把握道体的玄妙，即道的超越性；因"有欲"而把握道用的归趣，即道始物成物的归向和落实。明代高僧德清解《老子》首章曰："此章总言道之体用，及入道工夫也"，"此一'观'字最要紧"。① 德清虽为释氏，但作为修行中人，此说颇得要领，道之体用乃是通过体道之"观"而获得把握的。今人詹剑峰先生将老子首章"妙""徼"双观称为"玄览"，他说："欲知大道，必用玄览，不单观无，并要观有，不单观有，并要观无，而且要于'常无'观出生物造化之实，要与'常有'观出虚而不易之则。"②在"妙徼"双观的配合中，道之体用获得整体呈现。

老子的"妙徼"双观，在具体的修道实践中有充分的体现。如《老子·十六章》："致虚极，守静笃。万物并作，吾以观复。夫物芸芸，各复归其根。归根曰静，是谓复命。复命曰常，知常曰明。""致虚极，守静笃"，即持守精神的虚静到了极处。以此而观，乃"无欲"之"妙观"，所观的是道的运动和规律，所谓"观复"。但观道之"复"并不能离开"万物并作""夫物芸芸"的"有"，一旦观"有"，即有所计取，所谓"有欲"，此即"徼观"，"妙观"不离"徼观"。因为道虽超越无形，但道用总是落实在具体事物之中。进而言之，"妙徼"双观，不仅是一个观"无"，一个观"有"，而且是相互配合的，即在"夫物芸芸"的"有"中观虚而不易之道，在"无欲故静"的"无"中观"万物并作""各复归其根"的道用之"有"。正是在此意义上，我们才能理解《老子·一章》所说的"此两者同出而异名，同谓之玄"。"此两者"，一方面是指作为入道功夫的"妙徼"双观，一方面也指以此工夫所观照的道之体用的"有"与"无"。苏辙说："圣人体道以为天下用，入于众有而常无，将以观其妙也。体其至无而常有，将以观其徼也。"③"妙徼"双观，正是老子入道的"众妙

---

① 释德清：《道德真经解》，华东师范大学出版社 2010 年版，第 33-34 页。

② 詹剑峰：《老子其人其书及其道论》，华中师范大学出版社 2006 年版，第 177 页。

③ （宋）苏辙：《道德真经注》，华东师范大学出版社 2010 年版，第 2 页。

之门"。

面对"出生入死"的存在境遇，老子主张返璞归真，回归人的素朴和真实的本性，即"自然"。所谓"自然"，是存在者对其自身以及所置身世界的价值性体认，即存在的"本然"。在这种存在领悟中，"人法地，地法天，天法道，道法自然"，不是对存在者做等级隶属式的规定以确立"道"之最高存在的地位，而是揭示在根源性上，"自然"乃是一切存在者的价值和意义。因此，所谓修道，非"子非鱼，安知鱼之乐"之认知意义上的"知道"，乃是"吾知之濠上也"的"体道"，是对"儵鱼出游从容"（《庄子·秋水》）之"自然"活泼生意的领悟。

在《老子》言"观"的三章中，第五十四章一般不被重视，也多有误读。实际此章对我们把握老子的"观"与"道"十分重要，乃是将修道者置于由身、家、乡、国、天下所构成的整体境遇中来说明"观"的修道实践。《老子》五十四章曰："修之于身，其德乃真；修之于家，其德乃余；修之于乡，其德乃长；修之于邦，其德乃丰；修之于天下，其德乃普。故以身观身，以家观家，以乡观乡，以国观国，以天下观天下。吾何以知天下然哉？以此。"

此章首先言修道应落实于具体的身、家、乡、国与天下，道的实现乃是"德"，修道可以德润自身与家国天下。在修道的具体实践上，老子提出了"观"，所谓"以身观身，以家观家，以乡观乡，以国观国，以天下观天下"。此句的传统注释，多解为以自身观别人之身，以自家观别人之家，乡国天下亦然。如河上公《章句》曰："以修道之身观不修道之身，孰亡孰存也，以修道之家观不修道之家也，以修道之乡观不修道之乡也。"王弼注曰："以身及人也……彼皆然也。"这样的解释，于身、家、乡、国似可通，但于"以天下观天下"则不通，因为"天下"只是一个"天下"，说"以我的天下去观别人的天下"则迂曲而费解，所以王弼注只能解为："以天下百姓心观天下之道也"，这样的解释实际上是勉强的。笔者认为，《老子》此句，其意义是："以身之道观身，以乡之道观乡，以家之道观家，以国之道观国，以天下之道观天下"，乃是"以道观之"。

"以道观之"的"道"不是一种在身、家、乡、国、天下之上的存在，而是身、家、乡、国、天下之"自然"，此"自然"之"道"存在于身、家、乡、国、天下之中，是修道者对其自身与家、乡、国、天下之本然面目的体认。"以道观之"，乃是以"道"也即万物之"自然"的超越眼光观照自身与世界，批判性地认识自我与世界，为具体实践提供价值指引，追求道济万物、德润天下的修道目标。所谓"修之于身，其德乃真；修之于家，其德乃余；修之于乡，其德乃长；修之于国，其德乃丰；修之于天下，其德乃普"。在此意义上，以道"观"身、家、乡、国、天下，可以视为"徼观"，也即对道之用的"观"。更深入地思考，"以道观之"之所以可能，乃是由于修道者对"自然"之"道"的先行把握，也即修道者的领悟。也就是说，"徼观"总是与"妙观"相配合并以之为前提才能够真正地实现。正如老子所说，"此两者同出而异名，同谓之玄"（《老子》一章），"吾何以知天下然哉？以此。"（《老子》五十四章）在修道者"妙徼"双观的实践中，道之体用的价值意义与现实意义得以呈现。

我们也可以在庄子的理论中找到"妙徼"双观的踪迹："以道观之，物无贵贱；以物观之，自贵而相贱。""以差观之，因其所大而大之，则万物莫不大；因其所小而小之，则万物莫不小……以功观之，因其所有而有之，则万物莫不有，因其所无而无之，则万物莫不无；知东西之相反而不可以相无，则功分定矣。以趣观之，因其所然而然之，则万物莫不然，因其所非而非之，则万物莫不非；知尧桀之自然而相非，则趣操睹矣。"（《庄子·秋水》）

第三节　释家之观：一体同观

观是佛教智慧的观照作用，是一种冥想，也即直观，直觉。一般来说，佛教的观与通常认识上的感性、理性活动不同，与知识上的分判、理解也不同。观，有心、法、佛等多类对象。观心即观照主体自身的精神。心有本质与现象之别，故通常观心又分为观现象的心和观本质的心两种。法，泛指一切存在。观法即观照一切存在的真实本性。佛教十分重视对法的现观，也就是智慧对现前的境加以直观。佛教般若学一系非常强调当下观照对象的普遍、绝对的真实本性，也就是空性。观佛是内心生起对佛的念想，专心念想佛身的相好和佛的功德，以进入深沉的冥想境地，即佛境。由于所观的对象不同，观的类型、层次也不同。相对而言，在多种观法中，中国佛教比较重视内观，即以内省来观照。内观实是观照自身，是自观本性。在各种观法中，中国佛教最重视的是观空。观空的方法很多，最重要的是纵观事物的前后延续，横观事物的彼此依存和直观事物的当下体性，通过种种方法来观事物的空性。观空是中国直观修持的首要和基本方法，也是中国佛教修持所要求达到的根本性、终极性的境界。①

《金刚经》"一体同观第十八品"讲的是成佛后通达的境界，不是空无所知，而是通达一切。照见众多佛国土中的一切众生心都是空无自性的，过去之心，现在之心和未来之心都不可得，启发我们众生应该扫一切相，破一切执，活在当下，在湛然无忧的境界中建构自己的幸福生活。《金刚经》主要讲"空"，世间一切事物皆是众因缘和合而成的，因此呈现出的这种种相皆是无自性的。同理，世间种种烦恼皆是因我们执着于某一相而生发的。因此我们要洞观万事万物的"空性"，不执着于相。同时根据佛边说边扫的教诲，我们也不应在"空"上过于执着，在此意义上，空是一种随缘、随相的无限性，是为"全有"。

第一，关于"空"的境界。佛无所不知、智慧圆足的关键在于万物性空。而且正是因为性空，每一粒沙都代表佛教化的三千世界，这么多的佛国土中所有的一切众生，他们的每一个起心动念，如来都以佛知见，以佛的五眼如实照见。"尔所国土中，所有众生若干种心，如来悉

① 方立天：《中国佛教直觉思维重要词语略说》，《中国文化研究》2001 年秋之卷（总第 33 期）。

知。"(《金刚经》第十八品)因为无量世界的众生,他们的种种心,如贪心、慎心、痴心、疑心以及骄慢心等,都是缘起于无自性的非心。我们在日常生活中遇到某一得意或不如意之事时,往往被这些事情牵连着全部的心思,或为之欣喜若狂,或为之殚精竭虑,抑或为之痛不欲生,本来它们只是从属于我们生活的一个方面,现在却被我们当作生活的全部,进而奴役着我们自己。我们全部的心思迷滞于此,影响了前进。因此"如来说诸心皆为非心,是名为心"。照见了种种心的空性并不是要我们由此消极麻木,不关注任何生命境遇。在前文讲的"全有"的意义上,我们摆脱了面对"相"时的自我奴役,也就是消解了自身偏执的价值观,获得一种真正的自由,以一种开放澄明的心态去面对生活中的是是非非,事情本身就是如其所是;有利的事也好,不利的事也好,都是人生所必需的,我们坦然接受它,随缘现相,每种境遇中都去积极踏实地做好应该做的事,所谓不利的事或许最后竟是你的福德。

第二,关于"众生即佛"的启发。六祖大师曾在《六祖金刚经口诀》上说,"一切众生心,皆有五眼,为迷所覆,不能自见。故佛,教除却迷心,即五眼开明。念念修行般若波罗蜜法,初除迷心,是名为第一肉眼。见一切众生皆有佛性,起怜愍心,是名第二,天眼。痴心不生,名为第三,慧眼。著法心除,名为第四,法眼。细惑永尽,圆明照遍,名为第五,佛眼"。① 佛的空知境界,照见一切,它之所以启迪人心在于它的可达到性。佛心即佛性,是人人本具有的觉性,众生与佛平等无二。在《金刚经》中,佛边说边扫,"如是灭度无量无数无边众生,实无众生得灭度者",众生就是佛,这种明觉在自身之中,它发生的场域也是面向我们自己的生命,我们最终成就的理想境界也是在我们自身生命中。"众生即佛"便赋予我们人人以自尊自度的信心和尊严。"佛是自性作,莫向身外求","自性迷,佛即众生;自性悟,众生即佛"(《坛经》卷三十)。

---

① 释大愿:《金刚经学记》,九州出版社 2011 年版,第 282 页。

第三，《金刚经》第十八品中讲到"过去心，现在心，将来心"三心不可得。这里对我们的启发除了认识上的空性，还启悟我们在修行上要活在当下。凡夫众生，他的心总是在执着。心如果活在过去就会有悔，心如果活在未来就会有惧，心如果执着于现在就会有抱怨，有不如意，有烦恼。所以要能够无怨无悔，无忧无惧地活在当下。当先的每一个念头，都是依据各种因缘展现的相。我们修行能够用功的着力点就是活在当下，在当先的每一个念头都贯穿不生不灭的真心，融入我们的本觉智慧。这并不是一种理性的知见，而是一种澄然无执的心灵复归。

第五章 "观"物

李建中先生在《中国古代文艺心理学论纲》一文中曾说过:"中国古代文艺心理学的理论纲领是'心物'论。就创作心理而言,心与物分别指文艺创作中的主、客体。"① 易象是"观物"的产物。它一方面是对客观事物的摹仿、反映,一方面又是主体创造的结果。

叶朗曾分析了"观物取象"的三层意思,指出:第一,观物取象说明了《易》象的来源。《易》象是怎么来的呢?是圣人根据他对自然现象和生活现象的观察,创造出来的。《易》象是"圣人"的创造,但并非是圣人的自我表现而是对于宇宙万物的再现。这种再现,不仅限于对外界物象的外表的模拟,而且更着重于表现万物的内在的特性,表现宇宙的深奥微妙的道理("天下之赜""万物之情"),所以这种再现就带有很大的概括性。第二,"观物取象"说明《易》象的产生既是一个认识的过程,同时又是一个创造的过程。② 在对外物的观察、摹写的同时,也沟通了主体与客观世界的关系。观物取象的理论启发了对于"物感"说的探索。"通神明之德,以类万物之情"即是物我相通、物我相感的结果。

在中国古代的诗学论述和创作中,不满足于描写对象本身,而是通过审美主体与客体的交融互化,使作品有着远远大于文本自身的广大气势或云宇宙精神,这是中国美学的特殊气质使然,也是为论者所熟悉的。这方面的诗学论述是普遍存在的。

---

① 李建中:《李建中自选集》,华中理工大学出版社 1999 年版,第 310 页。
② 叶朗:《中国美学大纲》,上海人民出版社 1985 年版,第 73-74 页。

第一节 物我两忘

《周易》观物不是一般的观看、观察，也不是一般的浏览，是以充满独特情韵的眼光来看对象物时的观赏与晤对。观照不只是用眼，更是用心；不仅是对于对象的映入，而且是以特有的角度将其改造成以此一对象为原型的审美意象；不仅是以对象物为观赏的对象，而且是与对象物彼此投入，形成物我两忘的关系。陆机在《文赋》中所说的"瞻万物而思纷"的"瞻"，即是一种物我两忘。刘勰在《文心雕龙·神思》中所说的"登山则情满于山，观海则意溢于海"，也是一种心物交融。陶渊明的"采菊东篱下，悠然见南山"，是一种以物观物的物我交融，苏轼的"与可画竹时，见竹不见人。岂独不见人，嗒然遗其身"，更是一种心与物的合一。

杜甫在其题画诗中所说的"咫尺应须论万里"，虽云就画而论，却正是对其诗歌创作的"夫子自道"。而《二十四诗品》中的"雄浑"一品中所云："大用外腓，真体内充。返虚入浑，积健为雄。备具万物，横绝太空。荒荒油云，寥寥长风。超以象外，得其环中。持之匪强，来之无穷。""豪放"品中所说："观化匪禁，吞吐大荒；由道返气，处得易狂。天风浪浪，海山苍苍。真力弥满，万象在旁。"宋人叶梦得论杜诗时所说："远近数千里，上下数百年，只在'有'与'自'两字间，而吞纳山川之气，俯仰古今之怀，皆见于言外。"这类论述是人们所熟悉的。

第二节 乃穷物理

中国诗学中的"言外之意""象外之象"之论，多半是与充满生命力的宇宙精神通于一体的。所谓"以小见大""寓无限于有限""言有尽而意无穷"等描述意境特征的美学命题，并非仅从诗中体味出远远大于文本的审美空间而已，而是以真气流行的生命感，获得一种往来于主体与审美对象之间的势能，亦可称之为"广远之势"。诗中的"广远之势"，既包括空间的广大，又包括时间的悠远。诗论家论及诗的"广远之势"时，往往都是将空间的广阔和时间的深远并提的。杜诗所谓"乾坤万里眼，时序百年心"，恰可形容这种诗学的倾向。

我们更多地看到诗歌意境观的"广远"一面，而对其间与此不可分割的另一面"精微"却少有议论。而实际上，中国古代的诗歌意境，意象刻画及语言创造中的精微之处，不仅是到处存在的，而且是中国诗歌独有的美学气质。"广远"与"精微"，是诗歌意境具有普遍意义的两极。境界的阔大固然是才大气雄的诗人们所追求的，然倘若诗中缺少精微之笔，亦恐失之于廓落板滞，而不能使作品具有"生气灌注"的风神韵致。诗中描写的"精微之笔"，往往是对所写事物的特性的精彩呈现，亦可以简言之为"物性"的"敞亮"。当然，这里所说的"物"，并非仅指客观外物之"物"，也包括社会事物，也即诗中描写的客体。"物性的敞亮"，其意便是所写对象的独特品性、规律、风貌以诗的语言表现出来。这是与中国美学中的"体物"观念深有联系的。作为一个文论范畴，"体物"远没有"缘情"那样幸运，但在诗歌创作中，对于事物特征的微妙刻画，却是非常普遍的。这种刻画，从诗学的要求而言，是应该深入膝理、得其独特神韵的，而非止于形貌描摹。王夫之提出对事物的描写，不仅应"得物态"，而且应"穷物理"，并举"桃之夭夭，其叶蓁蓁"，"灼灼其华"，"有黄有实"为例，认为这些诗句"乃穷物理"①，即是此谓。

诗人对所写事物的微眇之处也应有不同寻常的发现与艺术表现。诗人以敏锐的目光捕捉事物的机微之态，并以自己的独特感受加以表现。如叶燮所评杜甫诗中"碧瓦初寒外""月傍九霄多""晨钟云外湿"和"高城秋自落"等名句，称其为"虚实相成，有无互立，取之当前而自得，其理昭然，其事的然也"。王夫之对此有相当精辟的见解，他在《姜斋

---

① 王夫之著，戴鸿森笺注：《姜斋诗话笺注》，人民文学出版社 1981 年版，第 23 页。

诗话》《古诗评选》《唐诗评选》《明诗评选》等诗评著作中发表了类似的观点，如他评谢灵运《登池上楼》诗时所说："始终五转折，融成一片，天与造之，神与运之。呜呼，不可知已！'池塘生春草'，且从上下前后左右看取，风日云物，气序怀抱，无不显著，较'蝴蝶飞南园'之仅为透脱语，尤广远而微至。"又在评陶渊明《癸卯岁始春怀古田舍》说："不知两间景物关至极者，如其涯量亦何极限。"又评谢灵运《登上戍石鼓山诗》云："情不虚情，情皆可景；景非滞景，景总含情。神理流于两间，天地供其一目，大无外而细无垠。"船山又评陈子昂诗为"雄大中饶有幽细"。这类论述在船山诗学中是很多的，"广远"与"微至"的统一，是船山论诗的主要标准之一。

船山之前的诗学理论中，已有论者谈及广远与精微的结合，尤其是诗歌意象的精细入微，颇为论诗者所重。陆机在其文论名篇《文赋》中一方面指出文学创作的思维是涵容着广远的宇宙意识："观古今于须臾，抚四海于一瞬。……笼天地于形内，挫万物于笔端。"又一方面，则主张"体物"的精微："体有万殊，物无一量。纷纭挥霍，形难为状。……虽离方而遁圆，期穷形而尽相。"陆机虽以"缘情"属诗，以"体物"属赋，但这二者在《文赋》中有互文之义，同时，从整体上看，陆机在创作上是非常重视"体物"的审美创造功能的。"穷形尽相"，是说在体物方面，力求刻画精微。

刘勰在其《文心雕龙》的创作论部分，一方面指出"神思"与风云并驱的广远境界："古人云：形在江海之上，心存魏阙之下。神思之谓也。文之思也，其神远矣。故寂然凝虑，思接千载；悄焉动容，视通万里。吟咏之间，吐纳珠玉之声；眉睫之前，卷舒风云之色：其思理之致乎。"另一方面，刘勰也重视刻画精微："吟咏所发，志惟深远；体物为妙，功在密附。故巧言切状，如印之印泥；不加雕削，而曲写毫芥。故能瞻言而见貌，即字而知时也。""曲写毫芥"，则是物象描写的深入毫芒。

明代谢榛论诗云："诗乃模写情景之具，情融乎内而深且长，景耀乎外而远且大。当知神龙变化之妙。小则入乎微罅，大则腾乎天宇。"

等等。这在中国诗学中，是一种值得重视的思想。

第三节　心与物化

"上下四方曰宇，往古来今曰宙"，先秦时尸子对"宇宙"的解释是最为赅切的。这种包含着时间与空间的宇宙意识，在中国古代诗学中是普遍的，是内化到审美观念之中的。无论是陆机的"观古今于须臾，抚四海于一瞬"，还是刘勰的"思接千载""视通万里"，都是包含了空间和时间两个维度的因素。这种"广远"的宇宙意识，有非常深厚的中国哲学的根基，即与以老庄思想为其开端的"物化"思想是密切联系在一起的，同时，也使作品的意境不是空洞的、呆板的，而是呈现出与宇宙自然的生机相涵咏、相吐纳的生命感、氤氲感。

《庄子·齐物论》中提出了"天地与我并生，而万物与我为一"的命题，这对中国思想史上"天人合一"观念的滥觞。人与自然和谐，一气贯通，这也是从先秦哲学便开始的观念。正如张世英先生对庄子思想的阐发所说："'至人'可与'天地精神相往来'，这是一种与道为一，以道观物、同于大道的天人合一境界，也是一种齐死生、等贵贱、同人我、超出一切区别的逍遥境界。"宋明理学家进一步发挥了"天人合一"学说，并揭示了主体与宇宙万物相参融的开放性质。"万物一体"是理学的一个重要哲学命题。如程颢提出"浑然与物同体"和"天地万物一体"的观点，如说"所以谓万物一体者，皆有此理，只为从那里来"（《遗书》卷三）。程颢还写诗云："道通天地有形外，思入风云变态中"（《秋日偶成》），最能体现出他的"万物一体"思想。理学家的"万物一体"观念固然是建立在理学的本体论上的，但是作为"万物一体"前提的"气化流行"观点，却并非理学所独有，而是先秦以来中国思想史的一个重要脉络。"气化流行"给"万物一体"的思想充添了有机的内涵，同时，也为文学艺术创造有了一种源自于自然造化的生命感。

诗歌境界之中，有着与宇宙相通、气象氤氲的生命感。因此，论诗者常以诗的意境和造化生命连为一气。如皎然的《诗式》中说："气象氤氲，由深于体势。"《二十四诗品》中的"缜密"一品中有云："是有真迹，如不可知，意象欲生，造化已奇。"谢榛《四溟诗话》论诗有云："诗有造物，一句不工，则一篇不纯，是造物不完也。造物之妙，悟者得之。譬诸产一婴儿，形体虽具，不可无啼声也。赵王枕易曰：'全篇工致而不流动，则神气索然。'亦造物不完也。"等等，都认为自然生命感是诗中不可缺少的神韵。

诗人对所描写的对象作细微的刻画，这种刻画旨在将对象的特征准确揭示。这种细微的刻画，与诗的意境构成一个有机的整体，同时，也集中地体现出自然的生命力量。从审美关系上讲，诗的细微之笔，尽管是对对象特征的把握，但却并非纯客观的摹写，而是审美主体和客体"物化"的产物。"物化"是审美主客体交互感通的极致状态，是主体进入审美体验和审美创造的高峰时，在感觉和意识中与客体完全融合而为一、无法分辨物我关系的境界。庄子在《齐物论》中以"庄周梦蝶"的寓言提出了"物化"的命题："昔者庄周梦为蝴蝶，栩栩然蝴蝶也，自喻适志与！不知周也。俄然觉，则蘧蘧然周也。不知周之梦为蝴蝶与，蝴蝶之梦为周与？周与蝴蝶，则必有分矣。此之谓'物化'。""物化"即是指物我界限消解，主体和客体融而为一。在人与对象的审美关系中，主体与客体的和谐与融通，是形成审美关系的基本标志。在中国古代美学思想中，"感兴""感物"等范畴都是以主客体的共感、融通为特征的，但"物化"说与之相比，则是主客体交融的极至状态。《庄子》里对"物化"之说多有涉及，虽非对文学而言，却对中国文学理论产生甚为深远的影响。

徐复观先生对庄子的"物化"说有这样的评价：

　　庄子在心斋的地方所呈现的"一"，实即艺术精神的主客两忘的境界。庄子称此一境界为"物化"，或"物忘"，这是由丧我、忘我而必然呈现出的境界。《齐物论》"此之谓物忘。"《在宥》"吐尔聪明，伦与物忘。"所谓物化，是自己随物而化，——这是主客合一的极致。因主客合一，不知有我，即不知有物，而遂与物相忘。《庄子》一书，对于自我与世界的关系，皆可用物化、物忘的观念加以贯通。①

"物化"，给艺术创作带来的并非一般意义的"情景交融"，如果仅止于此，那么，我们就没有谈论"物化"的必要了。"物化"是审美主体的灵性与对象的物性自由无碍的融合，或者说，是主体在与对象的交融互化中以自己的灵性对对象的物性的"敞亮"。在物化的创造状态中，"我"不再是"我"的单独存在，而是以自己的灵性融入了对象的物性，并且，以对象的内在状态而呈现；"物"也不再是单纯的"物"，而是因融贯了主体的灵性的物性而"敞亮"。庄子在《达生》篇中说："工倕旋而盖规矩，指与物化，而不以心稽，故其灵台一而不桎。""指与物化"，是说创造主体与物象化而为一。"灵台一而不桎"，是说心的灵性与物性化而为一，毫无滞碍。庄子在《达生》篇中所讲的"佝偻承蜩""吕梁丈夫"和"梓庆削木为鐻"这几个有名的寓言，都是讲主体的"用志不分，乃凝于神"，与对象的物性化而为一，而达到的"物化"境界。

"物化"说的哲学基础是中国哲学中"天地与我并生，万物与我为一""浑然与物同体"的根本观念，而非"主客二分"为主导的西方哲学思维。"物化"是审美体验的极致状态，就其突出之点来说，并不在于主体的对象化，而在于灵性的物性化和物性的灵性化。以物我不分的"物化"状态进入审美体验和审美创造，对象的"物性"中最具有特征的样子，在主体的灵性的融摄中被卓异地呈现出来。

苏轼《文与可画谷偃竹记》云："与可画竹时，见竹不见人。岂独不见人，嗒然遗其身。其身与竹化，无穷出清新。庄周世无有，谁知此疑神。"文同是宋代文人画的代表，于墨竹最见神采精神，画史上对其所

---

① 徐复观：《中国艺术精神》，华东师范大学出版社 2001 年版，第 88 页。

画墨竹评价甚高。苏轼谈文同画竹时说："与可之于竹石枯木，真可谓得其理者矣。如是而生，如是而死，如是而挛拳瘠蹙，如是而条达遂茂。根茎节叶，牙角脉缕，千变万化，未始相袭而各当其处，合于天造，厌于人意，盖达士之所寓也欤！"而苏轼诗中所说"与可画竹时"正是"身与竹化"的物化状态。所谓"得其理"，是说文同画竹，得竹之神髓。

而唐代著名画家张璪以画松石著称于世，他所说的"外师造化，中得心源"，是非常富有美学理论价值的命题。张璪作画，也是以"物化"状态进行创作的。唐人符载记述张璪的创作情况时说："员外居中，箕坐鼓气，神机始发。其骇人也，若流电激空，惊飙戾天。摧挫斡掣，捽掌如裂，离合惝恍，忽生怪状。及其终也，则松鳞皴，石巉岩，水湛湛，云窈眇。投笔而起，为之四顾，若雷雨之澄霁，见万物之情性。观张公之艺非画也，真道也。当其有事，已知夫遗去机巧，意冥玄化，而物在灵府，不在耳目。故得于心，应于手，孤姿绝状，触毫而出，气交冲漠，与神为徒。"他的创作，全然进入一种"物化"的状态，而所画松石极尽"物"之特性。对于物象的细腻描绘是与作者创作时的"物化"境界直接相关的。"物化"是主体的灵性与对象物性的互化，在这种特定情境的主体感觉中，物我完全融而为一，主体甚至以对对象的"物性"的充分体验而存在，描绘的细致入微必是达到这种"物化"之境而后出。它不是单纯的对象的物性的揭示，而是诗人的灵性与物性的互化。"物化"不仅仅是主体与对象之间一对一的互化，从中国哲学的观念而言，"物化"在根本上是人与天地万物融为一体，即庄子所说的"道通为一"（《齐物论》）、"天地与我并生，而万物与我为一"（同上），以及后世理学家所讲的"浑然与物同体"。

中国的诗论从不止于单纯的、一对一的物象摹写，而是主张以诗作为主体与宇宙、造化相通互化，其间的媒介在于"气化流行"。诗的产生在于"气之动物，物之感人，故摇荡性情，形诸舞咏"。诗的功能除"兴观群怨"的社会调节作用之外，还在于"照烛三才，辉丽万有；灵祇待之以致飨，幽微藉之以昭告；动天地，感鬼神，莫近于诗"。刘勰亦以文学为天地之大德："文之为德也大矣，与天地并生者何哉。""德"是"道"的外显，所谓"原道"之"道"，非纯指儒家之道，而是类于道家的天地万物本根之道。刘勰此处所谓之"文"，当然并非指纯文学，但无疑纯文学是包括在内的。刘勰又谓："故知道沿圣以垂文，圣因文而明道，旁通而无滞，日用而不匮。易曰：'鼓天下之动者存乎辞。'辞之所以鼓天下者，乃道之文也。"

从对刘勰"原道"的认识出发，可以认为刘勰的文学观是对天地万物之道的外显。以诗而论，诗人将诗作为与天地万物、宇宙造化相通互化之物，此种观念是相当普遍的。通于元气，侔于造化，这是论诗者的价值标准之一。如金代诗论家王若虚评白居易诗云："乐天之诗，情致曲尽，入人肝脾，随物赋形，所在充满，殆与元气相侔。"明代著名思想家和诗人陈献章论诗云："气蕴春风之和，心游太古之面，其自得之乐亦无涯矣。"

对"物性"之深微的呈现，亦是与鸢飞鱼跃的灵动感和生于造化的天然感不可分开的。叶梦得评杜诗精微之笔云："诗语固忌用巧太过，然缘情体物，自有天然工妙，虽巧而不见刻削之痕。老杜'细雨鱼儿出，微风燕子斜'，此十字殆无一字虚设。雨细著水面为沤，鱼常上浮而淰者，若大雨则伏而不出矣。燕体轻弱，风猛则不能胜，唯微风乃受以为势，故又有'轻燕受风斜'之语。至'穿花蛱蝶深深见，点水蜻蜓款款飞'，'深深'字若无'穿'字，'款款'字若无'点'字，皆无以见其精微如此。然读之浑然，全似未尝用力，此所以不碍其气格超胜。"

这里所举的杜诗名句，写物细致传神，但又是浑然天成的。创作者之所以能"观物""写物"，是因为以大自然为艺术创造之宝库，给创作提供了丰富的创作素材和灵感。《文心雕龙·物色》篇云："若乃山林皋壤，实文思之奥府。"是大自然的万千变化吸引着艺术创造主体的，这些生气蓬勃的物象一旦进入创作主体的审美知觉中，就成为审美对象。与此同时，在主客体的交流中，主体通过对审美客体的观照，蕴育出审美意象。

外物对于创作主体的情志产生有着重要感召作用。刘勰在《明诗》中曾谈道："人禀七情，应物斯感，感物吟志，莫非自然。"在《物色》篇中又指出了主体情思与客观外物的关系，"若夫珪璋挺其惠心，英华秀其清气，物色相召，人谁获安！是以献岁发春，悦豫之情畅；滔滔孟夏，郁陶之心凝；天高气清，阴沉之志远；霰雪无垠，矜肃之虑深；岁有其物，物有其容；情以物迁，辞以情发"。可见，创作主体的思想情感随客观事物的不同而发生变化。创作主体又以不同的情感心理观物，就能产生丰富多彩的文学形象。刘勰上述"感物吟志""情以物迁"的观点，直接来源于《礼记·乐记》："凡音之起，由人心生也。人心之动，物使之然也。感于物而动，故形于声；声相应，故生变；变成方，谓之音；比音而乐之，及干戚羽旄，谓之乐。乐者，音之所由生也，其本在人心之感于物也。"《乐记》认为艺术产生的根源在于人的思想情感受到客观外物的感发。

钟嵘也对《乐记》的观点作了重要的发展：

> 气之动物，物之感人，故摇荡性情，形诸舞咏。照烛三才，晖丽万有，灵祇待之以致飨，幽微藉之以昭告。动天地，感鬼神，莫近于诗。

> ……若乃春风春鸟，秋月秋蝉，夏云暑雨，冬月祁寒，斯四候之感诸诗者也。嘉会寄诗以亲，离群托诗以怨。至于楚臣去境，汉妾辞宫。或骨横朔野，或魂逐飞蓬。或负戈外戍，杀气雄边。塞客衣单，孀闺泪尽。或士有解佩出朝，一去忘返。女有扬蛾入宠，再盼倾国。凡斯种种，感荡心灵，非陈诗何以展其义？非长歌何以骋其情？故曰："诗可以群，可以怨。"使穷贱易安，幽居靡闷，莫尚于诗矣。

钟嵘这里的"气之动物"就是指阴气和阳气相互推揉，引发万物的生长变化，自然界奇妙的千变万化又会激荡着人们，生发出吟咏之情性。钟嵘认为，诗所吟咏之性情"不是主观自生的东西，而是来自客观外界的触发"。① 虽然《乐记》首次明确提出"物感"理论，刘勰和钟嵘都上承《乐记》的观点，对"物感"理论做了详尽的论述，但是"物感"理论所反映的心物关系在《周易》中早已有之。《周易》在"观物取象"过程中，已经以实践的方式展现出主体的情志和外物的巧妙遇合。

综上，《周易》之"观"的内涵是丰富的，在观照外物之时，反观自身，修美己德。仰观俯察的观物方式，要求观者有广远的视野、纵观六合的能力。而其观物取象则可视为艺术思维，在观与取之间，体现着观者情志和自然万物的无间融合。这些都或多或少影响着中国古代文论的创作论产生。

---

① 蒋凡、郁沅：《中国古代文论教程》，中国书籍出版社 1994 年版，第 139 页。

第六章 "观"人

　　《诗经·卫风·淇奥》有云:"瞻彼淇奥,绿竹猗猗。有匪君子,如切如磋,如琢如磨,瑟兮僩兮,赫兮咺兮。有匪君子,终不可谖兮。瞻彼淇奥,绿竹青青。有匪君子,充耳琇莹,会弁如星。瑟兮僩兮。赫兮咺兮,有匪君子,终不可谖兮。瞻彼淇奥,绿竹如箦。有匪君子,如金如锡,如圭如璧。宽兮绰兮,猗重较兮。善戏谑兮,不为虐兮。"《诗经》中有许多人物的赞歌,称赞的对象也很广泛。其中重要一类被称颂的对象,是各地的良臣名将。先秦时代,正是中华民族不断凝聚走向统一的时代,人们希望和平、富裕的生活。在那样一个时代,人们自然把希望寄托在圣君贤相、能臣良将身上。赞美他们,实际上是表达一种生活的向往。《淇奥》便是这样一首诗。据《毛诗序》说:"《淇奥》,美武公之德也。有文章,又能听其规谏,以礼自防,故能入相于周,美而作是诗也。"

　　知人之道,微妙异常。孔子学说的核心是"仁","仁"字的构形表达了一个古老的人道主义观念,即互相把对方当人看,以待人之道交往之,所以《中庸》才说"仁者人也"。"仁者人也",这既是用"人"来规定"仁",也是用"仁"来规定"人"。"仁"就是人类之间以亲爱之情和互相尊重为基本内容的人际意识和道德观念。由于"仁"的观念中蕴涵了人类最普遍的思想情感和最基本的道德原则,因而它才能成为儒家学说的基石。"仁"字作为会意字,理解其意义的关键是其构形的右半边的"二"字。段玉裁《说文解字注》对这个"二"字的解释是:"独则无耦,耦则相亲,故其字从人二。"这一解释乃是建立在郑玄"相人偶"一说的基础上的。郑玄在《中庸》中的"仁者人也"一句之下注曰："人也,读如相人偶之人,以人意相存问之言。"郑玄以"相人偶"注"仁者人也",则"以人意相存问"一句就不仅是在解释"仁者人也"之"人"是什么意思,而且也表明了"相人偶"的意义,即"相人偶"就是"以人意相存问"。讨论"相人偶",不能不提到刘文英先生的研究。刘先生认为,"相人偶"是一种古老的礼仪:"两个人见面,首先观顾对方,然后互相作揖,表示敬意和问候。"①

人处于纷繁复杂的人际环境中,时常茫然而不知所措,对于自身和他们理解的存在有着理论困境。希腊神庙里的"认识你自己"的神谕,成了千古以来最难的哲学命题。在人类学研究中也有一个关键词"人观",人何以为人,如何观人,日益成为一个根本性的论题,被人们纳入审思的视域。中国古代观人之法,一直在民众的日常生活以及诸多文化表述中延存不绝。

第一节 《论语》:观过,斯知仁矣

《论语》是一部充满人生智慧的语录,其中多次提及观人法。《论语·里仁》中提道:"人之过也,各于其党。观过,斯知仁矣。"孔子却自有一套观人法,子曰:"视其所以,观其所由,察其所安。人焉廋哉?人焉廋哉?"观人的第一步便是看他动机何在,心安何处。他认为,只要按照这种循序渐进的"视""观""察"的三个步骤去考察、识别一个人,那么这个人的才能、品性等各方面情况就在掌握之中而无所隐匿。《论语》有诸多这样的记载。如子贡与老师之间的一段对话——子贡问曰:"乡人皆好之,何如?"子曰:"未可也。""乡人皆恶之,何如?"子曰:"未可也。不如乡人之善者好之,其不善者恶之。"(《论语·子路第

---

① 白奚:《"仁"于"相人偶"——对"仁"字的构形及其原初意义的再考察》,《哲学研究》2003 年第 7 期。

十三》）又如："众恶之，必察焉；众好之，必察焉。"（《论语·卫灵公第十五》）为什么"众好之"还要"察"呢？因为在现实中，得到众口一词称赞的不一定是贤才，很多人都不欣赏的不一定是庸人，"唯仁者能好人，能恶人"。（《论语·里仁第四》）唯有仁者无有私心，能以真情示人，故能有好有恶。然而对于普通人而言，"好善而恶恶，天下之同情，然人每失其正者，心有所系而不能自克也"。

南游至江，从弟子三百人，设取予去就，名施乎诸侯。孔子闻之曰："吾以言取人，失之宰予，以貌取人，失之子羽。"（《史记·仲尼弟子列传》）意思是只根据外貌来判断人品质能力的好坏是不全面的。春秋时，大教育家孔子有很多学生，其中有一个叫子羽，一个叫宰予。子羽因为长得很难看，所以孔子对他的态度十分冷淡，后来子羽只好退学，回去自己钻研学问。而宰予因为长得仪表堂堂，又能说会道，因此孔子很喜欢他，认为这个学生将来一定很有出息。然而，事情的发展却出乎孔子的意料之外，子羽是一个热爱学习和喜欢独立思考的人，他离开孔子后更发奋努力学习、钻研，成了一个很著名的学者。很多青年因此而慕名到他门下求学，他的名声也在诸侯之间传开了。相反，宰予却非常懒惰。尽管孔子非常认真地教，可是他的学习成绩极差，孔子曾再三地劝导他，但他都不听，气得孔子把他比作没有用的朽木。后来，宰予靠着他的口才，在齐国做官，可是没多久，就因为和别人一起作乱，被齐王处死了。孔子听到宰予的死讯，很感慨地说："从子羽身上使我明白，不能以外貌来衡量一个人；而宰予的事也告诉我，不能只凭一个人所说的话来衡量他。"

当然，此处的"貌"不单指面貌，还应包括骨相、体相、行相、声相及神相等。如果能对以上相法有所领悟、理解那就可以"以貌取人了"，就连我们的孔老夫子在对"宰予，子羽"的失察经验中也悟出了一些观人经验，曰："听其言，观其行，视其所以，观其所由，察其所安，人焉廋哉？人焉廋哉?"孔子认为，对人应当听其言而观其行，看他的言论与行为是否相一致，还要知道他之所以这样说、这样做的原因，以及他的人生经历；更要了解一个人言行造作的动机，他为人处世的一贯禀性。从他的言论、行动到他的内心，甚至他的家庭、受教育程度、他的际遇、他的方方面面的背景资料，如果掌握了这些，即可以全面观察并了解一个人，那么此人基本上就原形毕露，没有什么可以隐藏得了的。

1. 以

"观其所以"是观察他的追求，是耽于享乐，还是精进向上，是汲汲于名利权势还是追求道义？是只想索取还是有所奉献？孔子之所以最欣赏他的弟子颜回，就是因为颜回"一箪食，一瓢饮，在陋巷，人不堪其忧，回也不改其乐。"(《论语·雍也第六》)颜回虽然物质生活条件很差，但他从来不怨天尤人，而是安贫乐道，努力上进，以至于孔子赞叹道："惜乎！吾见其进也，未见其止也！"(《论语·子罕第九》)

2. 由

"观其所由"中的"由"，在这里含有达到目标的途径、方法、手段的意思。一个人在行动追求上表现出善的一面还不够，我们还得深入一步，观察他通常采用何种手段与方法来达到自己的目标追求。"察其所安"又较上面两条观察之法，有所深入，《论语·阳货第十七》还说："巧言、令色、足恭，左丘明耻之，丘亦耻之。匿怨而友其人，左丘明耻之，丘亦耻之。"

3. 安

天下之大，能真正公正、无私、坦荡地对待他人者，能有多少？另外"被好"者，有不少就属于孔子所说的那种八面讨好、没有原则但善于讨好卖乖、逢迎阿谀，把自己的真情隐匿起来的"乡愿"。所以，孔子主张对人的观察识别，不能仅靠前两步的"视"和"观"，还得进一步地"察"。何如"察"之呢？"察其所安"中的"安"，"察，则又加详矣。安，所乐也。所由虽善，而心之所乐者不在于是，则亦伪耳，岂能久而不变哉"?① 一个人在行动上用正当的方法去追求仍是不够的，还要看他的本意是否愿意去做，如果能把行动当成乐趣，发自本心地去为善，方为君子，即是孔子所说的有道德的人。"察其所安"。"所安者，言其本心所主定止之处也。"

正如李泽厚先生所言："人总有意无意戴着各种假面具，生在世上，活在人群，于是有此'视'此'察'。'我与你'的世界总被'我与它'的世界阻挡。"②一个人在众目睽睽之下，在师长眼皮底下的言语、行为并不能完全、准确地代表他的品性和人格，甚至不是其人格的重要因素；更能代表一个人人格、品行的往往是他在私底下、在领导和师长视野之外的追求和志趣，能够安于什么，不能安于什么。管理大师松下幸之助曾说，一个人在大庭广众之下该正襟危坐的时候能做到正襟危坐，这不算什么；一个人能在"他人的目光"之外、在个人独处的时候仍然能保持正襟危坐，这才是了不起的，因为这是他揭下了各种假的面具，以真实的一面面对自己的时候，其所作所为、志趣爱好才真正体现出他的"本心所主定止之处"，是他的真实品性的自然而无所隐匿的流露。传统儒家一直强调"君子慎其独"（《中庸》第一章），其用意不可谓不深远。

一个人的行为追求，往往是他的人生观、价值观的反映。行动上只追求名利权势、只求索取不思奉献的人，必定是不善之人，往往不足与共谋理想和事业，正如孔子所言："君子上达，小人下达。"（《论语·宪问第十四》）"君子喻于义，小人喻于利"。（《论语·里仁第四》）君子与小人的分野首先从其行为追求和志趣中可见一斑。孔子认为，"士志于道，而耻恶衣恶食者，未足与议也。""修己以敬""修己以安人""修己以安百姓"（《论语·宪问第十四》），行动上勇于担当、乐于奉献，努力上进的人，才具有可观可取的一面。

---

① （宋）朱熹：《论语集注》，《四书章句集注》，中华书局1983年版，第56-69页。

② 李泽厚：《论语今读》，世界图书出版公司2018年版，第31页。

4. 质文

英文中"person"一词，渊源于古拉丁语的"面具"一词，意指"人"在一定程度上是一种戴着面具生活的动物。对此，每个人都有一定的经验和体会。孔子曾说："质胜文则野，文胜质则史。文质彬彬，然后君子。"(《论语·雍也第六》)"质"，指的是一个人内在的品性和真性情，主要体现为一个人先天的秉性和气质；"文"，指的是一个人在后天所接受的文明礼义教化，更多地体现社会生活中的道德要求。孔子所期望的，是一个人先天的真性情与后天的道德礼义的恰当结合，本着真性情而行文明礼义。这样的人，才是谦谦君子。可是，世界上偏偏有不少人，文饰太过而失去了自己内在的真性情，就变得表里不一，有人格分裂之倾向，徒有外表上的君子之貌，而把自己真实的一面隐匿、遮蔽起来了。这样的人，往往在大庭广众之下，表现出正直、诚实、善良、无私的一面；在师长面前，表现出自己最优秀的一面。然而实际上他的内在的品性却完全是另外一回事。孔子对此等人有深刻的了解和认识，并表示出极大的反感。他说："巧言令色，鲜矣仁!"(《论语·学而第一》)又说："乡愿，德之贼也。"(《论语·阳货第十七》)还说："巧言、令色、足恭，左丘明耻之，丘亦耻之。匿怨而友其人，左丘明耻之，丘亦耻之。"(《论语·公冶长第五》)可见，自古以来，就不乏这样的好好先生，外表上忠诚谨慎，逢人尽说好听的话，八面玲珑，装出一副和善的老好人样子，而骨子里自私自利、欺世盗名甚至阴险毒辣。在其巧言令色的背后，常怀有不可告人的心思。

"好人"面对各式各样的人，若对方是自己亲近之人，就容易对他产生好感，哪怕对方可能是小人；若对方为自己所恶之人，或与自己有利益冲突之人，就容易疏远甚至有厌弃之感，哪怕对方可能是君子。正如先贤所言："人心所从，多所亲爱者也。常人之情，爱之则见其是，恶之则见其非。故妻孥之言，虽失而多从；所憎之言，虽善为恶也。苟以亲爱而随之，则是私情所与，岂合正理?"

5. 过

子曰："人之过也，各于其党。观过，斯知仁矣。"孔子说：人的心术是正是邪很难揣摩，但是做事是否有错却很容易发现。我们看一个人，往往觉得没有过失就是仁了，却不知道看一个人的过失也能够判断他是否仁慈。人中有君子也有小人，君子存心宽厚，就算有过失，也是过于宽厚了，必然不会过于苛刻。小人存心奸险，如果有过失，一定是过于刻薄，而不是宽容过分了。这就区分了君子和小人。人往往以正大光明作为律条，有不符合的就是过失，而不去考察一个人做事的用心。但是观察一个人的时候，就可以从他的过失中看出高下来。过于忠厚的一定是君子，他一定是行仁道的，过于刻薄的一定是小人，他一定是残忍不仁的，没有任何的疑问。由此可以引申开来，对一个人的看法，不可以没有过失而过分苛求，也不可以有所过失而轻易放弃。人的才识各有短长，气禀各有纯驳，不是大圣大贤的人，谁能没有过失呢？只是看他的用心如何罢了。小人通常会隐藏自己的过失，君子则光明磊落，有过也不肯掩饰。所以小人常常用欺诈的伎俩获得人们的原谅，而君子反而因为直率得罪众人。比如汉朝的汲黯，曾当面顶撞汉武帝，固然有过，但是他的本心是爱君的；也曾假传圣旨，固然有过，但他是为了赈济灾民，本心是爱民的。仁者的过失大概就是如此吧。

人的过失，各有其类，不能一概而论。例如农夫不能耕田，是其过失，若不能文书，则非其过。观人之过，能随类而责，不求备于一人，则知此观过之人是有仁心之人。若不依类而责，例如责农夫不能文书，则知此观过者是不仁之人。故云观过斯知仁矣。仁与不仁，只在用心，任何的形式都是内心的体现，只有从内心流露出来的仁德，才能有完美的外在表现。由此可知，古圣先贤都是重内心而轻表象，重实质而轻虚文的。

第二节 《人物志》：八观、五视、七谬之分

《人物志》自序中说："夫圣贤之所美，莫美乎聪明，聪明之所贵，莫贵乎知人，知人诚智，则众材得其序而庶绩之业兴矣。"《人物志》是一部系统品鉴人物才性的玄学著作，也是一部研究魏晋学术思想的重要参考书。全书共三卷十八篇，其中第九章为《八观》，也是观人识性最重要的一章。

一、八观

一曰观其夺救，以明间杂。

一是观察一个人的仁慈之心是否被"恶情"所掩盖，帮助别人是否恰如其分，就能看清楚他是不是没有恒心的"间杂之人"；看善恶掺杂之人，也就是观察善恶，识别"间杂之人"，这种人属于善理中掺着恶的人。当做不到的意念胜过做得到的意念时，情性未得其正，被恶情所夺，这时会发生下列三种情况：慈而不仁的吝夺：这种人慈悲而不仁爱，他看见别人可怜时，会流下同情的眼泪；可是要他把财物分给别人时，就吝啬起来了。仁而不恤的惧夺：这种人仁爱而不体恤，他看见别人身处危急之境时，会心生恻隐之心；可是要他去救难时，就畏首畏尾，裹足不前了。厉而不刚的欲夺：这种人严厉而不刚直，他在事不关己时，声色俱厉，义正严辞；可是一牵涉到私人的利益，马上改变态度，心虚、怯懦起来。当出现以上的三种情况，就可确知对方是摇摆不定、虎头蛇尾的间杂之人。当吝啬胜于慈悲，即陷于不仁；当畏惧胜于恻隐，即陷于不恤；当私利胜于公义，即陷于不刚。这时应自知其缺失，心存善念，去除间杂，以弥补之。

二曰观其感变，以审常度。

观察一个人的言谈和对事物的看法，了解其内心世界；刘邵非常重视交谈，他认为可以通过谈话看到一个人的各个方面，看出一个人属

于什么性格。辞显唱正，明白之人。沉默寡言，玄微之人。明辨是非，通理之人。言词混淆，杂乱之人。预知未来，圣哲之人。梳理精微，睿智之人。从处理事情来研判人，明智之士。以明为暗，大智若愚，智慧之人。察知细微，深微之人。心致昭然，疏朗之人。测之益深，探之愈精，实力之士。爱做表面功夫者，虚妄之人。老爱自夸的人，能力必定不足。不爱夸耀自己的人，不怕别人不知，能力反而绰绰有余。

一个人的神色产生变化时，必定有事故发生，下列五个原则可供参考：高兴时，必定有愉悦的神色。生气时，必定有愤怒的神色。忧虑时，必定有慌乱不安的神色。生病时，必定呈现黄黑萎靡的神色。嫉妒时，必定呈现反复无常、阴暗不定的神色。至于言词与神色之间的关连，下列四个原则可参考：言词快乐却无愉悦的神色，表示心口不一，心不悦而口悦，一定虚情假意地说谎话。言词虽不好听，可是神色非常诚恳，表示对方是木讷可信之人。话未说出口，就满脸怒容，表示其愤气填膺。气冲冲地大声说话，表示他想以怒气助威势，强迫别人听信他的话。

三曰观其志质，以知其名。

观察一个人的气质，从而了解他是否名实相符；观其所具备的质性，以确知是否名实相符。偏材之人，乃一至之材，以材自名。二至互相激发，才会产生种种美名，诸如：休名、烈名、能名、任名等。依据其所得到美名，查核其所具备的质性，两者是否名实相符，这是识人的第三个方法。下面列举六种情况：德行高妙、容止可法之人，方有其休名。他必须具备骨直与气清等二至，以达清节家之境界，才算名实相符。

胆力绝众、材略超众之人，方有其烈名。他必须具备气清与力劲等二至，以达雄杰之境界，才算名实相符。思通道化、策谋奇妙之人，方有其能名。他必须具备劲智与精理等二至，以达术家之境界，才算名实相符。建法立制、富国强兵之人，方有其任名。他必须具备智直与诚谨等二至，以达法家之境界，才算名实相符。兼有三材、具体而微之人，方够格说"令德济焉"。他必须德足以率一国，法足以正乡邑，术足以权事宜，以达器能之境界，才算名实相符。三材皆备之人，才够格说"文理灼焉"。他必须德足以厉风俗，法足以正天下，术足以谋庙胜，以达国体之境界，才算名实相符。至于其他的流业，包括：臧否、伎俩、智意、文章、儒学、口辩等，若要识鉴这些人，亦须就其名目，查核其具备之质性，以确知是否名实相符。

四曰观其所由，以辨依似。

观察一个人为达到一定目的所采用的方式方法，就可以分辨出他是否似是而非；指的是正直而好揭露别人的隐私的人，这种人可以称作是偏材，但"讦而不直者"是指那些专门揭露人家的毛病但他自己并不正直，这样的人就叫做"依"。"观其所由，以辨依似"说的就是我们要怎么鉴别这种虚假的人才。

观察一个人的经由，以辨别他是否似是而非，这是识人的第四个方法。纯讦之人，揭人隐私，不能公正，他看起来似乎正直，其实是揭发人之隐私。正直之人揭发别人错误而不徇私，纯讦之人揭发别人隐私毫不留情，两者同样都是揭发，不过前者就事论事，后者对人不对事，差别甚大。纯荡之人，放荡不拘，不能通道。他看起来似乎通达，其实态度傲慢而没有节制。通达之人，修养到家，随心所欲，安逸自然；纯荡之人，傲慢放肆，荒诞无礼，胡作非为。

两者虽然同样是放纵，其实有很大的不同，前者追求内在思想的放纵，后者但求外在行为的放纵。接下来进一步分析正直与纯讦：就事论事，温和地纠正别人的错误，即理直而气和，是有德的正直之人。既对事也对人，不但举出别人的错误，也会揭人隐私，这是偏差之人。纯粹对人不对事，专门喜欢揭发别人之隐私，这是依似的纯讦之人。下面进一步分析通达与纯荡：放纵而能安逸，随心所欲而不逾矩，这是通达之人。放纵而有时会超过界线，这是偏差之人。放纵而不知节制，荒诞不经，傲慢无礼，这是纯荡之人。

上述的偏差与依似之人，虽然跟正直与通达之人一样，为了达到

"揭发"与"放纵"的目的，可是其志同质不同，均属似是而非。轻易就
承诺的人，看起来似乎很爽快，其实都是言行不一，不守信用的人。对
什么事都认为很简单的人，看起来似乎很能干，其实真正做起来，却困
难重重。前进急速的人，看起来非常迅猛，其实来得快，退得也快，就
像孟子所说："其进锐者，其退速。"处理事情习惯大声呼喝的人，看起
来似乎明察秋毫，其实反而使事情更烦乱。用人喜欢暗中施予小惠的
人，看起来似乎给予恩惠，其实会宠坏部属终必无所成。表面上对你唯
唯诺诺的人，看起来似乎忠诚可靠，其实背后扯你后腿，根本就是阳奉
阴违。

除了上述六种似是而非的情况，还有下面四种似非而是的情况：大
权似奸而有功。譬如伊尹放太甲帝于桐宫三年，自己摄政当国，待太甲
悔过向善之后，再还给政权。大智似愚而内明。真正有大智慧的人，表
面上看起来平平淡淡的，毫不起眼，甚至有点愚笨的模样。博爱似虚而
实厚。许多为真善美牺牲奉献的人，博爱大众，表面上看起来一无所
得，其实内心十分丰厚。正言似讦而情忠。中国古代许多净谏大臣，冒
死向君王进谏，表面上似乎在揭君王隐私，其实是忠君爱国。有的人似
是而非，有的人似非而是，必须观察其经由，才能得到正确答案。

五曰观其爱敬，以知通塞。

观察一个人爱什么人敬什么人，就可以了解他和别人之间情感的沟
通情况；"人道之极，莫过爱敬"，就是看一个人是否喜欢跟人打交道，
是否会去尊敬别人，是否能在这个社会上生存。以爱与敬的多寡消长，
来研判一个人与别人之间情感的通达或闭塞，这是识人的第五个方法。

爱生于父子，敬立于君臣，爱与敬乃人道之极致。《考经》以爱为
最高的情操，《乐经》以爱为主；《孝经》以敬为道之要，《礼经》以敬为
根本。假如别人对他充满了爱与敬，他将与道德同体，深获人心，物顺
理通。爱与敬乃是衡量人与人之间情感的通达或闭塞的重要指标。就爱
与敬的多寡消长观之，爱不可以少于敬。如果对一个人敬多于爱，那么
廉节者归顺之，可是众人却不跟从；如果对一个人爱多于敬，那么虽然

少数廉节者不心悦，可是众人乐爱，致其死而诚服。敬之为道，严肃而彼此有距离，其势威严而难以持久；爱之为道，情深意浓，彼此交心，其势温煦而绵延深长。因此，爱与敬相较之下，爱比敬更重要。

六曰观其情机，以辨恕惑。

观察一个人的喜怒哀乐，就可以识别他是君子还是小人；就是通过与人交谈，看对方是否老想在谈话中占上风，这种方法看一个人是君子还是小人。君子是"犯而不校"，"谦下"，小人则是一定要占上风，一定要压倒你。

下面分别进一步解释人情之六机：

（1）在达成其愿望时，就会高兴。

每一个人都想达成其志愿，这是人之常情。因此，烈士喜欢奋力之功，善士喜欢政修之事，能士喜欢治乱之事，术士喜欢计策之谋，辩士喜欢诡辩之词，商人喜欢财货之累积，政客喜欢权势之突出。当达成其志愿，内心欣喜，就是所谓"杼其所欲则喜"。

（2）在不能发挥其能力时，就会埋怨。

倘若不能发挥其能力时，就无法达成其志愿，无法达成志愿就会感到忧戚。因此，功力不建，烈士就会愤不能尽其材；德行不训，善士就会哀不得行其政；政乱不治，能士就会叹不得用其能；敌未能弭，术士就会思不得运其奇；货财不积，商人就会忧无所收其利；权势不高，政客就会悲不得弄其权。上述的种种情形，就是所谓"不杼其所能则怨"。

（3）夸耀自己的才能，别人就会讨厌他。

人人都有好胜之心，想要站在别人的前面，因此都讨厌有人夸耀自己的才能。喜爱自夸的人，非但得不到别人的敬重，反而招来厌恶，这就是所谓"自伐历之则恶"。

（4）以谦虚的态度待人，别人就会喜欢他。

人人都有求胜之心，谦虚的态度给人在人之下的感觉，所以我们都喜欢谦虚的人。不论贤人或是愚人，都想胜过别人，因此碰到谦虚的人都会非常愉快，这就是所谓"以谦下之则悦"。

（5）论及别人的短处，会使人生气。

听到称赞会高兴，听到批评会生气，是人性的正常反应。因此，想要掩饰其短处，显现其长处，亦为人情之常。论及别人的短处，有如冒犯对方，会使人生气，这就是所谓"驳其所乏则媢"。

（6）以己之长较别人之短，别人会妒恨你。

以己之长较别人之短犯了两项错误。一则炫耀自己的长处，导致别人的厌恶；二则揭发别人的短处，导致别人的愤怒。厌恶加上愤怒就变成妒恨了，这就是所谓"以恶犯媢，则妒恶生"。

总之人情之喜、怨、恶、悦、媢、妒等六机，其问题都出在好胜心——想要站在别人的上方。君子待人接物，志在退下，当有人犯其六机时，不予计较；小人待人接物，志在陵上，当有人犯其六机时，睚眦必报。观察人情的六机，即可识别君子与小人了。

七曰观其所短，以知所长。

观察一个人的短处，来了解他的长处，也就是说通过观察一个人的缺点，来知道这个人是不是你所需要的"偏才"。偏材之人，有其长处，也有其短处。从观察一个人的短处，以知其长处，这是识人的第七个方法。

那么，要如何从短处以知其长处呢？从讦以知其直，讦是责人短处，直是正直。讦虽然是直的缺失，却也是直的象征。因为直若不含有讦，就无法成其直，所以，既然欣赏其直，就不要非议其讦。从厉以知其刚，厉是暴烈，刚是刚强。暴烈虽然是刚强的缺失，却也是刚强的象征。因为刚强若不含有暴烈，就无法济其刚强，所以，既然欣赏其刚强，就不要非议其暴烈。从软弱而知其温和，懦是软弱，和是温和。软弱虽然是温和的缺失，却也是温和的象征。因为温和若不含有软弱，就无法保其温和，所以，既然欣赏其温和，就不要非议其软弱。从固执而知其耿介，拘是固执，介是耿介。固执虽然是耿介的缺失，却也是耿介的象征。因为耿介若不含有固执，就无法守其耿介，所以，既然欣赏其耿介，就不要非议其固执。总之，有短处的人，未必有长处；可是有长处的人，必定以其短处为长处之象征。

八曰观其聪明，以知所达。

所谓"智出于明。明之于人，犹昼之待白日，夜之待烛火"，看一个人的聪明程度，看其适合什么岗位。"五视"中一为"居，视其所安，"在日常生活中，看他平时的志向情趣；二为"达，视其所举"，一旦发达后，看他举荐什么人，即所谓"物以类聚，人以群分"；三为"富，视其所与"，富裕之后，施与什么人，是为富不仁，还是普济众生；四为"穷，视其所为"，穷途末路之时，看他的所作所为；五为"贫，视其所取"，贫贱时，看他如何对待财货。从观察一个人聪明的程度，以知能通达成事，这是识人的第八个方法。

聪明乃成智，成智乃成德，由此可见聪明之重要。刘邵在自序中劈头就说："夫圣贤之美，莫美乎聪明；聪明之所贵，莫贵于知人。"聪明对知人之重要，就像天亮时等待阳光，夜晚时等待火烛，愈聪明的人，看得愈远，见得愈深。

下面介绍聪明的五个层次：

(1)学——守业勤学

(2)材——材艺精巧

(3)理——理义辨给

(4)智——智能经事

(5)道——道思玄远

学不及材，材不及理，理不及智，智不及道。学、材、理、智均未达聪明之地步，只有及"道"之境界，凡事能回转反复变通，才算得上聪明。聪明为众德之主，仁、义、理均待明而行，因此，以明将仁，则怀之；以明将义，则胜之；以明将理，则通之。倘若无聪明，则仁、义、理均达不成，会产生下列四种弊病：

(1)有名无实，虚有名声，这是浮夸不实。

(2)诡辩取胜而理不正，使人口服心不服，流于烦乱。

(3)好法而思维不够深入，容易流于苛刻。

（4）好术而谋略不够周全，容易流于诈术。

因此，就"学"而言，明者为师；就"力"而言，智者为雄，往往需要聪明。刘邵在第一章开宗明义说："观人察质，必先察其平谈，再后求其聪明。"本段点出聪明的重要，就是动而为天下法、言而为万世范的圣人，也是以"聪明"为极名。

二、五视

人物之本，出乎情性。人物的根本，就在天赋的本质与本性所发出的情欲。可求之于情性之理，然而情性之理既微妙又玄奥，一般人是难以了解的。要知道一个人内心的情欲与质性，可从外在的声音、形貌、举动寻求而得之。

1. 观其仪：心质亮直，其仪劲固；心质休决，其仪进猛；心质平理，其仪安闲。外在仪态的展现，可反映内在的心理状态：品质忠诚正直的人，必定展现出刚正不屈的仪态；品质美好善良的人，必定展现出进取严谨的仪态；品质有条不紊的人，必定展现出安详闲适的仪态。

2. 观其容：仪动成容，各有态度；直容之动，矫矫行行；休容之动，业业跄跄；德容之动，颙颙卬卬。

容止就是外在的形貌举动。容止可分为：直容、休容、德容三类。正直的人，必定会展现出勇武刚强的容止；美善的人，必定会展现出戒惧谨慎的容止；有德的人，必定会展现出严肃轩昂的容止。

3. 观其声：《礼记》谈到内心与声音之间的关系。"凡音之起，由人心生也。人心之动，物使之然也。感于物而动，故形于声。声相应，故生变。"因此，有感于物，动之于心，然后才形诸于声，人外在的声音乃随着内在心理的不同而变化。《人物志》中也有类似的看法。

容之动作，发乎心气，心气之征，则声变是也。气合成声，声应律吕：有和平之声，有清畅之声，有回衍之声。不但气合成声，而且声音与乐律也是彼此呼应。因为声音随着心气之不同而产生变化。所以心平气和，就会有和平的声音；内心清顺畅达，就会有清畅的声音；内心渐趋丰盛，就会有回衍的声音。

4. 观其色：声畅于气，则实存貌色；故诚仁，必有温柔之色；诚勇，必有矜奋之色；诚智，必有明达之色。从一个人的神色可以听其声音，从听其声音可以察其心气，从察其心气可以知其心性。一个心性诚仁的人，必定会展现出温柔的神色；一个心性诚勇的人，必定会展现出庄重奋勉的神色；一个心性诚智的人，必定会展现出明白通达的神色。

5. 观其神：《孟子·离娄篇》："存乎人者，莫良于眸子。眸子不能掩其恶。胸中正，则眸子瞭焉；胸中不正，则眸子眊焉。听其言，观其眸子，人焉廋哉？"从眼神的反应即可测知其胸中的正或不正。我们一边听对方说话，一边观察其眼神，若眸子明亮，则心口如一，若眼神错暗闪烁，则心口不一。《人物志》中有云："夫色见于貌，所谓征神，征神见貌，则情发于目，故仁，目之精，悫然以端。勇，胆之精，晔然以强。然皆偏至之材，以胜体为质者也。故胜质不精，则其事不遂。是故，直而不柔则木，劲而不精则力，固而不端则愚，气而不清则越，畅而不平则荡。"是以形貌征知气色与风采。论识人重在征神，从征神以知人之质性。而人之质性，则见精于目，从目而论情性，可了解人的全部。

三、七谬之分

虽说有"八观五视"来帮助我们辨别人才，但是在实际操作过程中还是会出现失误，据刘邵统计，在考察人才的过程中，一般会出现 7 种严重失误，统称"七谬"，在考察时要注意避免。一曰"察誉，有偏颇之谬"，也就是说偏听偏信一个方面的时候会让人的判断产生误差，要广泛听取社会舆论来帮助自己判断是非。二曰"接物，有爱恶之惑"。我们总是会凭自己的好恶来看人待事，这样很容易忽略对方的长处和优点。三曰"度心，有小大之误"。刘邵认为考察人才，往往不能辨别"心"和"志"的区别。"心"指的是做事是不是小心谨慎，"志"是说志向是不是远大。"心小志大者"是圣贤之人，他们不但志向非常远大，而且做事也非常小心谨慎。心大志大者，豪杰之隽也。"这样的人很豪爽，他们志大心也大，但往往做事不顾后果，干了再说。此外还有"心大志小者，傲荡之类也"，这种人往往放荡不羁，只是心大，做事不顾后果，没有远大的志向。"心小志小者"，这就是很拘谨的一种人，他们什么事也成不了，小心小志。刘邵提出在鉴别人才的时候就要注意甄别这些问题，否则容易引起失误。四曰"品质，有早晚之疑"。有的人大志晚成，有的人是早志速成。所以在选择人才的时候不要过早下结论，否则也容易出现失误。五曰"变类，有同体之嫌"。同体指的就是同类人，他们性格才能非常近似，所以经常出现相互之间的吹捧或者攻击，而"惑于相誉相毁"。所以对同一类人物他们互相推荐的评语要慎重，因为他们往往不能客观地看待对方。六曰"论材，有申压之诡"，七曰"观奇，有二尤之失"，指的就是无法甄别那些有特殊才能的人。

"七谬"从反面提出了观察人时，既要注意"静态"和"动态"，又要注意"正面"和"反面"，真正走出"只信耳，不信目；只认同，不认异；只看标，不看本；只看偏，不看全；只识静，不识动；只思私，不思公；只讲一般，不讲特殊"的用人误区。《人物志》是中国古代唯一流传至今的人才理论著作，也是高水平的著作。对现代中国人来说，对如何认识自我、了解他人、管理与开发人才资源，仍旧具有重要的意义。当然任何一种学术理论都不能现搬现套，只要它能提供给你一种智慧、一种资源，那就可以了。本段直接指出识人常犯的七种谬误：察誉有偏颇之谬，接物有爱恶之惑，度心有小大之误，品质有早晚之疑，变类有同类之嫌，论材有申压之诡，观奇有二尤之失。

1. 被传闻的声誉所误导

识人，容易被传闻的声誉所误导，产生与事实不符的偏差，这是识人常见的第一个谬误，也就是所谓"察誉有偏颇之谬"。

通常我们认识一个陌生人，最常用的方法就是四处打听。此种打听得来的情报，只能参考，不能够百分百采信，因为大家说他好，他不一定真好，可能是他善于交际、性格圆滑的结果；大家说他坏，他不一定真坏，可能此人特立独行，守正不阿，只是人缘较差罢了。所以说"众人皆誉，或众附阿党；众人皆毁，或独立不群，未可为正也"。人的耳朵是相当软的，当有人说他好，我们就认定他是好人，当有人说他坏，我们就认定他是坏人，就如刘昺所注："信人毁誉，故向之所是，化而为非。"更妙的是，当我们听到有人称赞或批评某人，表面上自己觉得丝毫不受影响，其实内心已经逐渐受其左右，这就是所谓"虽无所嫌，意若不疑"。

一方面受传闻影响，另一方面加上自己主观的爱憎，识人势必产生偏差。为了避免以耳败目，就得在"察"与"试"两方面多下功夫。"察"是查证，当我们听到若干情报之后，必须去查证，以确定其真假。孔子说："众恶之，必察焉；众好之，必察焉。"他又说："始吾于人也，听其言而信其行；今吾于人也，听其言而观其行。"（观其行就是查证的功夫）孟子也说："左右皆曰贤，未可也；诸大夫皆曰贤，未可也；国人皆曰贤，然后察之。"左右皆曰可杀，勿听；诸大夫皆曰可杀，勿听；国人皆曰可杀，然后察之。孔子与孟子的话都在告诉我们传闻不可信，必须经过查证之后，才能相信。"试"就是测试、试用。孔子说："吾之于人也，谁毁谁誉？如有所誉者，其有所试矣！"圣人对众人所赞誉的人，必有所试，以避免看走了眼，所举非人。目前各机构在用人时，普遍采行试用制度。试用是识人的好方法，任何人在做事时，其能力、品德、态度都将一一显露而无法掩饰。因此，了解一个人最好的方法，就是丢一件事给他做，试用看看。

2. 被主观的好恶所迷惑

不论贤人或愚人，都喜爱善良的人，讨厌邪恶的人，乃人之常情，可是由于人性好恶的作祟，往往发生善待邪恶的人，疏远善良的人的反常现象，这就是所谓"接物有爱恶之惑"。

（1）为什么会善待邪恶的人呢？

邪恶的人纵使有百恶，必有一善，只要这一善刚好与我们的长处相通，对了脾胃，我们就会不由自主地忘掉他的百恶，而对恶人产生好感而情通意亲。

（2）为什么会疏远善良的人呢？

善良之人纵使有百善，必有一短。善人这一短处刚好与我们的长处相违，倒了胃口，我们就会不知不觉忘掉他的百善，甚至拿其长处鄙视我们的短处，于是就对善人产生反感而疏远他。

人类的心理相当微妙，内心的理智与感情永远处在斗争的状态。虽然我们明知"理智"是对的，而"感情"是错的，可是我们仍然纵容"感情"泛滥，故意让"感情"去犯错，造成了识人的谬误。

3. 衡量心志有大小之谬误

我们观察一个人的志向与修养时，经常会产生以大为小，或以小为大的偏差，这就是本段所要讨论的"度心有小大之误"。一个人要成大事，必须具备下列四要件：

（1）智谋要精微。智谋精微的话，才能神机妙算。

（2）德行要厚重。德行厚重的话，才能受人尊崇。

（3）志向要远大。志向远大的话，才能担当重任。

（4）修养要谦虚内敛。谦虚内敛的人，才能避开灾祸。

识人，从"志"与"心"的大小去观察，可区分为下列四种人：

（1）志向远大而谦虚内敛者，圣贤之人。（心小志大）

（2）志向远大而锋芒毕露者，豪杰之人。（心大志大）

（3）志向微小而桀骜不驯者，傲荡之人。（心大志小）

（4）志向微小而唯唯诺诺者，拘懦之人（心小志小）

我们看见刘邦烧绝栈道，就说他不能定天下，这是由于看他的心小而作出的错误判断；看见项羽号称强楚，就说他足以匡诸侯，这是叹服于他的壮志而导致判断失误。这都是度心常误于大小，所造成的偏差。

用沉潜内敛之心来培养远大的志向，这是本段给我们最好的启示。

4. 成功有早晚之差别

一个人成功的早晚，与其智慧的圆熟有密切的关系，有的人早智而速成，有的人晚智而晚成，假如我们以早成而疑其晚智（认为小时了了，大未必佳），或以晚成而疑其早智（认为长大之后有成就者，小时必定平平），都会产生识人的谬误，也就是所谓"品质有早晚之疑"。

每个人因材质不同，就成功的早晚而论，可分为下列四种类型：

（1）早智而速成者：这种人从小就聪明绝顶，年纪轻轻就头角峥嵘，可惜常因年少得志而骄傲自满，故成就有限。

（2）晚智而晚成者：这种人小时候平平凡凡，智慧成长缓慢，一直到了中年才显露才华，但因沉稳内敛而成就非凡。

（3）智而终无所成者：这种人从小到老，庸庸碌碌，一生困顿，毫无成就可言。

（4）少有令材、遂为隽器者：这种人跟早智者一样，从小聪明过人，幼而通理，但在严师调教之下，不敢自大自满，懂得谦虚收敛，精益求精，因此才智出众，一生平顺通达，功成名就。

对早智者而言，以小可以看大。换言之，从年少时的若干举动，可看出年长之后的表现。譬如：

（1）年幼时常接触文辞者，长大后文章必定写得好。

（2）年幼时言语便捷者，长大后必定擅长辩论。

（3）年幼时慈悲体恤者，长大后必定怜悯贫病之人。

（4）年幼时慷慨给予者，长大后必定乐善好施。

（5）年幼时胆小畏惧者，长大后必定小心谨慎。

（6）年幼时一文不取者，长大后必定廉洁清正。

上述六点可当做识人之参考。从以上的分析可知，人不贵在早智，而贵在晚成。还有，早智易识，而晚成难知，这也是识人容易发生早晚之疑的缘故所在。

5. 质性相同仍有矛盾

偏材之人只赏识跟他们材质一样的同类之人，然而同类之人并非就相安无事，他们彼此仍有矛盾存在。当彼此实力悬殊时，会互相依赖，共存共荣；当彼此实力相当时，则视同水火，斗争不已。这跟我们认为同类之人会和平相处,有很大的出入,此种情况就是所谓"变类有同类之嫌"。

由于自私心理作崇,人类对于有利于自己的人与事,都会赞成;对于有害于自己的人与事,都会反对。从有利于己与有害于己的观点去分析,人际交往大约可分为下列三个类型:

(1)跟自己利害一致的同类之人,赞成而赞美之。

(2)跟自己利害相反的异类之人,反对而攻击之。

(3)跟自己无利害关系的杂体之人,既不赞成也不反对,根本不予理会。

同类之人利害一致,理论上应该能够和平相处,可是一方面因私心之故,相誉常失其实;另一方面因好胜之故,相争常不能忍让。于是会发生下列的状况:

(1)正直之人,性情愤激,见人正直,内心喜好而激赏,可是却不能忍受别人的批评。

(2)忠贞之人,真情流露,见人尽忠,内心喜好而激赏,可是却不能接纳别人的忠告。

(3)好名之人,看见别人进步超前,内心喜好而激赏,可是那人若超越自己,则会忿而不服。

因此,同类之人彼此实力悬殊时,会相互援助扶持,依赖共存;当彼此实力相当时,妒彼胜己,会互相竞争而彼此妒害。这就是同类之间的变化。

当人直过于己直,则非毁之心生,这时助直反而成为毁直;当人明过于己明,则妨害之心动,这时与明反而成为毁明,自私的可怕,由此可见。

6. 论材必须考虑客观情势

笔者曾说:"不努力一定不会成功,可是努力也不一定会成功。"为什么努力不一定会成功呢?因为要成功,除了努力与聪明才智之外,还有环境、机运等客观的因素,因此识人若单以成功来论英雄,那就陷入本段所要谈的谬误——"申压之诡"之中了。

上材之人不受情势好坏的影响，在显达时能够勤谨谦虚，在穷困时能够怡然自得。然而，一般人深受情势的影响，随势浮沉。当处在伸展的富贵之境时，有财又有势，借着财与势，可恣意周济，建立关系，乃至无善而行成，无智而名立；当处在受屈的贫贱之境时，无财可施与，无势可援助，既不能体恤亲人，也不能接济友人，乃至无怨尤而生毁谤，无罪恶而见废弃。总之，对大多数的中下之材而言，情势比人强，处于顺境，有人照顾提拔时，容易扬名立万；处于逆境，非但无人照顾，反而有人打击时，再努力也是枉然。

客观的环境既然影响一个人如此之大，因此我们观人察质，仅以成败来论的话，谓发达者为材能，而贫贱者为愚短，这就不正确，必须从质性、情势、机运等主客观因素去衡量评估，才算公允。还有，上材之人进退有节，处富贵则劳而不夸，处贫贱则淡然处之。不材之人进退无节，处富贵则得意忘形，处贫贱则为非作歹。

7. 奇特之人难以鉴识

一般而论，识人都是由外在而知内心，亦即从外在的声音、形貌、举动等来研判内在的质性与情欲。可是这一套原则用在尤妙与尤虚两种特殊的人身上，就不管用了，这就是本段所要探讨的"观奇有二尤之失"。

二尤之人，与常人大不相同。从外表根本看不出内在的质性。尤妙之人，有真才实学，大智若愚，外表看起来平平常常，毫不出色；尤虚之人，一表人才，能言善道，可是一肚子草包，标准的金玉其外，败絮其中。

通常我们观察尤妙之人，会因其形貌丑恶，而疑其浅陋；也会因其率直表露，而疑其厚实。因此而造成遗漏贤才，或是一意孤行，误用蠢材，悔不听信忠言的结果。至于观察尤虚之人，会因其形貌美丽，而信其巨伟；也会因其巧言令色，而信其真实。因而造成不能预先识别，乃选择错误；或是因一己之成见，乃误用人才。

总之，若智有不及，征质不明，不能识奇，那么不论早拔（破格用人）或顺次（按部就班）都得不到人才。良马奔驰后，众人才醒悟看走了眼；韩信立下战功，威名乃大震，尤妙之人实在不是平常人所能了解的。世上只有伯乐才能识千里马，也只有英雄才能识英雄，就如同体弱而智高的张良，色平而神勇的荆轲，他们都是难得的尤妙之人，只有刘邦才能看出张良为众智之隽，也只有燕太子丹才能看出荆轲为众勇之杰。张良与荆轲乃隽杰之士，为众人之尤。超过他们的人，就成为众尤之尤的圣贤。圣贤之人，其尤弥出，其道弥远，若不是天下之杰出的人，谁能做到这一点呢？

识人的层次，因聪明才智的高低而有深浅之分。一般大众只能了解智谋胜过自己的普通人才，而普通人才只能了解优秀的人才，而优秀的人才才能识尤妙之人，而尤妙之人才能识圣贤之人。

第三节 《世说新语》：岩岩若孤松之独立

宗白华在《论世说新语和晋人的美》中说："这是中国人生活史里点缀着最多的悲剧，富于命运的罗曼司的一个时期，八王之乱、五胡乱华、南北朝分裂，酿成社会秩序的大解体，旧礼教的总崩溃、思想和信仰的自由、艺术创造精神的勃发，使我们联想到西欧十六世纪的'文艺复兴'。这是强烈、矛盾、热情、浓于生命色彩的一个时代。"①

桓大司马（桓温）来到京都建康，问刘真长（刘惔）："听说会稽王（司马昱）清谈有很大长进？"刘回答："长进很大，不过仍是第二流里的人罢了。"桓温问："那第一流的人又是谁呢？"刘说："正是我们这样的人。"

> 王黄门兄弟三人俱诣谢公，子猷、子重多说俗事，子敬寒温而

① 宗白华：《宗白华全集》第 2 卷，安徽教育出版社 1994 年版，269-270 页。

已。既出，坐客问谢公："向三贤孰愈？"谢公曰："小者最胜。"客曰："何以知之？"谢公曰："吉人之辞寡，躁人之辞多，推此知之。"（《品藻》74）

嵇康身长七尺八寸，风姿特秀。见者叹曰："萧萧肃肃，爽朗清举。"或曰："肃肃如松下风，高而徐引。"山公曰："嵇叔夜之为人也，岩岩若孤松之独立。其醉也，傀俄若玉山之将崩。"（《容止》5）

山公将去选曹，欲举嵇康，康与书告绝。（《栖逸》3）

虽然嵇康生活的年代是魏国时期，但是在魏国末年，掌权的却是司马家族。嵇康娶了曹操的孙女长乐公主，就算是曹魏家的人。像嵇康这样的人，肯定是忠于曹魏家族，自然不愿意与司马家族为伍。

山涛，是竹林七贤之一，是嵇康的好朋友。但是山涛投靠了司马家族，作为嵇康的好友，山涛就自然会举荐大名士嵇康。嵇康生性刚直，不顾交情，毅然决然地跟山涛绝交了，写下了千古绝唱的《与山巨源绝交书》。

从这篇文章的表面来看，好像是封绝交书，其实不然。在司马家族的眼中，嵇康这种软硬不吃的主，就是眼中钉，肉中刺，欲除之而后快。作为嵇康的知己好友，山涛不可能不了解嵇康的品性，之所以举荐他，是要保住他的性命。嵇康作为山涛的挚友，当然明白山涛的用意，为了让好友不受牵连，才写下这篇绝交书。其实，我们从第一则记载也可以看出，山涛是非常了解和钦慕嵇康的，说他是孤松、玉山。他们都是为对方着想，这才是知己好友。嵇康在临刑前对自己的儿女说"巨源在，汝不孤矣"。而山涛也把嵇康的儿女养大，并且女儿风光出嫁，儿子当朝为官。只有这样解释，我们才可能理解嵇康临终前的举动。

钟士季精有才理，先不识嵇康。钟要于时贤俊之士，俱往寻康。康方大树下锻，向子期为佐鼓排。康扬槌不辍，傍若无人，移时不交一言。钟起去，康曰："何所闻而来？何所见而去？"钟曰：

"闻所闻而来，见所见而去。"(《简傲》3)

嵇康是当时有名的贤士，很多人都欲与其结交，以得到嵇康的评价为荣，钟会就是其中之一。钟会(与邓艾一起灭蜀)，自认为自己有些才学，就想结识一下嵇康。嵇康不愿与之为伍，当他来拜访时，始置之不理，临去不忘调侃一下钟会，钟会自知无趣，悻悻而去！后来在钟会的诬陷和诋毁下，才使司马家族对嵇康痛下杀手。

　　嵇康游于汲郡山中，遇道士孙登。遂与之游。康临去，登曰："君才则高矣，保身之道不足。"(《栖逸》2)

竹林七贤都喜欢与山水结缘，嵇康也不例外。一日，出去游历，遇到山中隐士孙登，二人畅谈自然养生之道，甚是欢畅。天色将晚，嵇康准备下山回家，孙登对嵇康说："你这个人才学很高，但是不懂得保身之道。"孙登可以说是很了解嵇康的，这是在称赞他的同时，提醒他要学会保护自己的性命。嵇康，虽然爱好老庄，爱好自然，但他的道德品性里也有儒家的因子，不可能像孙登一样隐居泉林，更不会向世俗低头，这就注定了他的悲剧命运。

　　嵇中散临刑东市，神色不变。索琴弹之，奏《广陵散》。曲终曰："袁孝尼尝请学此散，吾靳固不与。《广陵散》于今，绝矣!"太学生三千人上书，请以为师，不许。文王亦寻悔焉。(《雅量》2)

嵇康因为好友吕安的案子受到牵连，再加上钟会一干人等的无限诋毁，司马昭就给嵇康下了死刑判决书。行刑当日，三千名太学生集体请愿，请求赦免嵇康，并要求让嵇康来太学做老师。自知必死，嵇康面不改色，从容淡定，临刑前，弹奏一曲《广陵散》，从容就义。他用自己的行为，表达了对当权者淫威的极度蔑视。他的高风亮节，赢得了生前生后的美名。

余秋雨《遥远的绝响》中也记载了上面几则故事：嵇康与山涛绝交，看似无情，实则有义！在三千太学生上书请愿的那一刻起，他知道死期已定。精神领袖一旦不能被统治者利用，则只能是死路一条。所以他毅然与山涛绝交！只有这样，才能保山涛不死。他将儿子托付于山涛，并让儿子遵从礼教，让山涛帮助儿子走上仕途，让儿子能担负起一个士人的责任。这其实是嵇康的无奈与悲剧。他不得不向礼教妥协。"非汤武而薄周孔"是一种时代的呐喊和抗争。关注广袤宇宙、追寻诗意人生、回归精神家园，用一己之力去呼唤个性的觉醒——这，就是嵇康所阐释的魏晋风度！嵇康，魏晋风度第一人！

魏晋士人在对人物的审美上重视审美对象本身具有的审美价值，包括人物的姿容、行止。魏晋士人既追求凸显个性、推崇真情、显示逍遥自由精神的神韵之美，也看重仪表、容貌等外在仪容的形体之美。简而言之，魏晋时代的人物品藻讲求形与神的有机统一，既推崇内在的精神气质美，也重视外在的形体姿容美。对人物姿容形貌的讲究是魏晋风度的一大特色，魏晋时期对人物外在美的品鉴，在中国美学史上有着特殊的意义，仪容美由此成为独立的审美内容。

《世说新语》从当时的士族大户、名士写到普通士人的遗闻轶事，多角度地描述了士人的形象。《容止》篇通过描写人物的外貌、神态、表情、行为举止，生动地再现了魏晋名士的精神气韵，达到了以形传神的效果，而以形写神正是《世说新语》在人物品藻方面的一大特点，作者通过自外而内的描写刻画出了人物的神韵之美。《容止》位列《世说新语》第十四，共三十九则，下面就从《容止》篇中来具体分析人物的美。

一、仪容之美

容止指仪容举止。在本篇里有些条目从仪容出发，直接描写外貌的俊秀、白净、光彩照人，这部分把它归类为仪容美；有些则会偏重讲举止神态，侧重描绘悠闲的神情举止，从而展现出名士高雅的格调与韵味，这部分归类为神韵美。本篇描绘仪容美时主要从好的一面赞美容貌举止，着重描写如眼睛、手等人的身体部位；或通过丑的一方对比美的一方，或用群众的视角侧面烘托来表现人物容貌之美。

（一）容貌俊美

> 何平叔美姿仪，面至白。魏明帝疑其傅粉。正夏月，与热汤饼。既啖，大汗出，以朱衣自拭，色转皎然。（《容止》2）
>
> 潘岳妙有姿容，好神情。少时挟弹出洛阳道，妇人遇者，莫不连手共萦之。左太冲绝丑，亦复效岳游遨。于是群妪齐共乱唾之，委顿而返。（《容止》7）
>
> 卫玠从豫章至下都，人久闻其名，观者如堵墙。玠先有羸疾，体不堪劳，遂成病而死。时人谓"看杀卫玠"。（《容止》19）

以上三则中三位主人公都以美姿仪著称，其中潘安和卫玠更是有名的美男子。何晏擅长玄学清谈，又是服五石散的鼻祖，可以说是引领了名士风流的一个人物。描写何晏"面至白"，着重强调了他面部白皙没有傅粉。但是刘孝标注引用史书说何晏"动静粉帛不去手，行步顾影"。余嘉锡先生则认为魏晋时期男子喜欢傅粉修饰仪容的行为只是当时贵公子的习气，"然必当时有此风俗矣"，不足为怪。这说明当时士族男子比较注重自己的形象，修饰容貌的风气盛行。士大夫手持粉帛，行步顾影，在当时是上流社会的一种风尚。这也说明《世说新语》作为小说有一定的艺术加工和夸张的成分。

潘安和左思的故事采用了对比的手法，妇人看见美男子潘安就像见到偶像一样崇拜，而看到长得丑的左思则唾弃他，可见当时对容貌俊美的推崇，难免让人有以貌取人之感。但余嘉锡先生认为这则故事发生在潘安年幼时，"夫老年妇人爱怜小儿，乃其常情，了不足异"。而掷果盈车这个典故就出自刘孝标引用《语林》的注释。"看杀卫玠"的故事从刘孝标的注释来看应属虚构，但卫玠的貌美引起市民的轰动应该是真的。这里说卫玠身体羸弱，而这种阴柔之美也得到了当时社会的欣赏与追捧，这说明在魏晋南北朝这个乱世，对美的包容性比其他朝代要大得多。

(二) 注重眼神

　　裴令公目王安丰："眼烂烂如岩下电。"(《容止》6)

　　王夷甫容貌整丽，妙于谈玄，恒捉白玉柄麈尾，与手都无分别。(《容止》8)

　　王右军见杜弘治，叹曰："面如凝脂，眼如点漆，此神仙中人。"时人有称王长史形者，蔡公曰："恨诸人不见杜弘治耳!"(《容止》26)

　　谢公云："见林公双眼，黯黯明黑。"孙兴公见林公："棱棱露其爽。"(《容止》37)

　　魏晋士人评鉴人物常通过观察眼睛进行，眼睛作为人类认识与交流的重要器官之一，在《世说新语》品评人物时被重点注意，用眼神来表现一个人的精神风采。顾恺之在绘画人物时也特别在意眼睛，认为画好了眼睛就能画出人物的神韵。《世说新语》品评人物，常用叠字，如以上几则中出现的"黯黯""棱棱""烂烂"。"黯黯"表示黑黑的；"棱棱"形容威严正直；"烂烂"表示目光闪闪。这说明对眼睛的审美特点是明亮漆黑有神。

　　第8则和第26则说明肤色洁白、眼睛有神是当时审美的要求。"面如凝脂"，手的肤色和白玉一样无分别，这表现了魏晋士人以白为美，《诗经·卫风·硕人》有言："手如柔荑，肤如凝脂，领如蝤蛴，齿如瓠犀。螓首蛾眉，巧笑倩兮，美目盼兮。""手如柔荑，肤如凝脂"本是形容女性美的，但是魏晋对男性的审美也有点接近女性美。

(三) 媸妍并录

刘伶身长六尺，貌甚丑悴，而悠悠忽忽，土木形骸。(《容止》13)

庚子嵩不满七尺，腰带十围，颓然自放。(《容止》18)

刘尹道桓公："鬓如反猬皮，眉如紫石棱，自是孙仲谋、司马宣王一流人。"(《容止》27)

《容止》中除了记载风姿俊逸的魏晋名士，也不乏长相奇特的人物，如刘伶和庚子嵩都身材矮小长相丑陋，但读者读过之后，反而会因其奇特的形貌更为认同与赞赏其性情上的美：刘伶的悠闲自在，不修边幅；庚子嵩的纵情放达。在其相貌的映衬下，这些人物形象反而增加了洒脱旷达、超凡脱俗的魅力。而桓温的长相更是不凡，是像孙权和司马懿一样的英雄人物。桓公的鬓须繁茂刚硬，相貌威武棱角分明，突出了他坚毅的品质，一看就是建功立业的人物。

(四) 以物喻人

魏明帝使后弟毛曾与夏侯玄共坐，时人谓"蒹葭倚玉树"。(《容止》3)

潘安仁、夏侯湛并有美容，喜同行，时人谓之"连璧"。(《容止》9)

骠骑王武子是卫之舅，俊爽有风姿。见玠，辄叹曰："珠玉在侧，觉我形秽！"(《容止》14)

裴令公有俊容仪，脱冠冕，粗服乱头皆好，时人以为玉人。见者曰："见裴叔则，如玉山上行，光映照人。"(《容止》12)

以玉喻人首先是指人的外在形容与玉有相似之处，其次是人的德行、才情亦符合玉的内在品格。正如宗白华先生所言："晋人的美的理想，很可以注意的，是显著的追慕着光明鲜洁、晶莹发亮的意象。"而玉正是晶莹发亮的物体。《诗经·秦风·小戎》中有言"言念君子，温其如玉"，"君子如玉"的观念来自于此。"玉"象征了珍贵、纯粹和纯洁，魏晋人常用玉树、珠玉来品评人物，甚至将人称为"玉人"。除了玉之外，魏晋人还喜用自然景物喻人。

> 时人目夏侯太初"朗朗如日月之入怀"，李安国"颓唐如玉山之将崩"。（《容止》4）
> 嵇康身长七尺八寸，风姿特秀。见者叹曰："萧萧肃肃，爽朗清举。"或云："肃肃如松下风，高而徐引。"山公曰："嵇叔夜之为人也，岩岩若孤松之独立；其醉也，傀俄若玉山之将崩。"（《容止》5）
> 有人语王戎曰："嵇延祖卓卓如野鹤之在鸡群。"答曰："君未见其父耳！"（《容止》11）
> 海西时，诸公每朝，朝堂犹暗。唯会稽王来，轩轩如朝霞举。（《容止》35）
> 有人叹王恭形茂者，云："濯濯如春月柳。"（《容止》39）

《世说新语》常用优美的自然景物来形容和比喻人物，"孤松""日月""朝霞""野鹤""春月柳"，这些意象留给人十分优美的诗意形象。第5则除了身高作者并没有具体描绘嵇康的样貌，但是用孤松和玉山来形容嵇康，孤松的傲然独立和玉山的俊秀挺拔塑造出嵇康身材高大、仪容俊美的形象，"松"更表现了嵇康人格的刚直和坚韧。柳在文学创作中通常以一种纤弱、飘逸的形象出现，第39则"春月柳"即赞赏了王恭举止气质的优雅。不管是夏侯玄朗朗如日月的美还是李丰颓唐的美，魏晋士人都认可这两种不同的审美，可见当时审美的包容性。

魏晋时期的士大夫偏好老庄，他们的人生情趣更偏向清高优雅，脱俗出世的态度受到高度尊重，这使得对自然山水的审美达到高峰。晋人喜欢以自然中的景物为喻体来赞美人物，这是因为他们将理想人格寄托于自然。庄子认为，圣人原天地之美，正如藐姑射山的"神人"，在《庄子》一书中，那位藐姑射山的"神人""绰约若处子，肌肤若冰雪"，道家所追求的"真人""至人""神人"无不美好飘逸，这正是魏晋名士在审美追求和人生追求上的外在表现以及魏晋人物品美的来源之一。

二、神韵之美

(一)重视精神气韵

注重容止并不仅仅讲究外表的姿容美，容止与人的内在精神气度也相关联。魏晋人重视仪容之美，但是更重视通过仪容表现出来的神韵之美，他们重形的同时依然重神，强调形与神的有机统一。

> 裴令公有俊容姿，一旦有疾，至困，惠帝使王夷甫往看。裴方向壁卧，闻王使至，强回视之。王出，语人曰："双眸闪闪若岩下电，精神挺动，体中故小恶。"(《容止》10)

裴楷的俊容姿，显然和外表的修饰无关。他即使卧病在床，困倦到连回头看人都费力，其目光仍能令人悚然一惊，这是一种内在的精神力量。

> 魏武将见匈奴使，自以形陋，不足雄远国，使崔季珪代，帝自捉刀立床头。既毕，令间谍问曰："魏王何如?"匈奴使答曰："魏王雅望非常，然床头捉刀人，此乃英雄也。"魏武闻之，追杀此使。(《容止》1)

这则故事突显了曹操的英雄气概。刘孝标引《魏氏春秋》云："武王姿貌短小，而神明英发。"曹操虽然其貌不扬，但是很有气魄，匈奴使者一眼就能看出扮成卫士的曹操才是真正的英雄。而崔季珪即使外貌威严，但却没有曹操的气魄。这说明仪容之美不仅仅在于外表，而是需要内在的精神气质作为支撑，观人不能只观形状外貌，还要看他的精神气质。当然，追杀匈奴使这件事在余嘉锡看来"此事近于儿戏，颇类委巷之言，不可尽信"。

(二)追求超凡脱俗

魏晋时的人物品藻融合了老庄精神和玄学义理，带有一种清虚玄远、超逸脱俗之美，魏晋士人普遍欣赏道家飘逸的气度，一种纯洁的、远离尘世的美。

> 时人目王右军："飘如游云，矫若惊龙。"(《容止》30)
>
> 或以方谢仁祖不乃重者。桓大司马曰："诸君莫轻道，仁祖企脚北窗下弹琵琶，故自有天际真人想。"(《容止》32)
>
> 王长史为中书郎，往敬和许。尔时积雪，长史从门外下车，步入尚书，著公服。敬和遥望，叹曰："此不复似世中人！"(《容止》33)

第30则余嘉锡引言程炎震云"飘如游云，矫若惊龙"是形容王羲之书法的，属于误入《容止》篇。但"飘如游云，矫若惊龙"同样可以形容男子体态的轻盈、飘逸。这里可以发现对人物品评的美学逐步运用到了品评艺术上。第32则描绘了谢仁祖翘着脚在北窗下弹琵琶的景象，真的像仙人一样。第33则描写王敬和远远望见王长史在大雪纷飞中，赞叹说："这人不再像是尘世中人！"以上两则中人物的美明显带有道家"神人"飘逸的色彩。

(三)发现人的艺术心灵之美

宗白华《论世说新语和晋人的美》提到：《世说新语》载东晋画家顾恺之从会稽还，人问山水之美，顾云："千岩竞秀，万壑争流，草木蒙笼其上，若云兴霞蔚。"这几句话不是后来五代北宋荆(浩)、关(同)、董(源)、巨(然)等山水画境界的绝妙写照么？中国伟大的山水画的意境，已包具于晋人对自然美的发现中了！而《世说新语》载简文帝入华林园，顾谓左右曰："会心处不必在远，翳然林水，便自有濠濮间想也。觉鸟兽禽鱼自来亲人。"这不又是元人山水花鸟小幅，黄大痴、倪云林、钱舜举、王若水的画境吗？（中国南宗画派的精意在于表现一种潇洒胸襟，这也是晋人的流风余韵。）

晋宋人欣赏山水，由实入虚，即实即虚，超入玄境。当时画家宗炳云："山水质有而趣灵。"诗人陶渊明的"采菊东篱下，悠然见南山"，"此中有真意，欲辨已忘言"；谢灵运的"溟涨无端倪，虚舟有超越"；以及袁伯彦的"江山辽落，居然有万里之势"。王右军与谢太傅共登冶城，谢悠然远想，有高世之志。荀中郎登北固望海云："虽未睹三山，便自使人有凌云意。"晋宋人欣赏自然，有"目送归鸿，手挥五弦"，超然玄远的意趣。这使中国山水画自始即一种"意境中的山水"。宗炳画所游山水悬于室中，对之云："抚琴动操，欲令众山皆响！"郭景纯有诗句曰："林无静树，川无停流"，阮孚评之云："泓峥萧瑟，实不可言，每读此文，辄觉神超形越。"这玄远幽深的哲学意味深透在当时人的美感和自然欣赏中。

晋人以虚灵的胸襟、玄学的意味体会自然，乃表里澄澈、一片空明，建立最高的晶莹的美的意境！司图空《诗品》里形容艺术心灵为"空潭写春，古镜照神"，此境晋人有之：

> 王羲之曰："从山阴道上行，如在镜中游！"
>
> 王司州（修龄）至吴兴印渚中看，叹曰："非唯使人情开涤，亦觉日月清朗！"（《言语第二》81）
>
> 司马太傅（道子）斋中夜坐，于时天月明净，都无纤翳，太傅叹以为佳。谢景重在坐，答曰："意谓乃不如微云点缀。"太傅因戏谢曰："卿居心不净，乃复强欲滓秽太清邪？"（《言语第二》98）

这样高洁爱赏自然的胸襟，才能够在中国山水画的演进中产生元人倪云林那样"洗尽尘滓，独存孤迥""潜移造化而与天游""乘云御风，以游于尘埃之表"（皆恽南田评倪画语），创立一个玉洁冰清，宇宙般幽深的山水灵境。晋人的美的理想，可以注意的，是显著的追慕着光明鲜洁，晶莹发亮的意象。他们赞赏人格美的形容词象："濯濯如春月柳""轩轩如朝霞举""清风朗月""玉山""玉树""磊砢而英多""爽朗清举"，都是一片光亮意象。甚至殷仲堪死后，殷仲文称他"虽不能休明一世，足以映彻九泉"。形容自然界的如："清露晨流，新桐初引"。形容建筑的如："遥望层城，丹楼如霞"。庄子的理想人格"藐姑射之山，有神人居焉，绰约若处子，肌肤若冰雪"，不是这晋人的美的意象的源泉么？桓温谓谢尚"企脚北窗下，弹琵琶，故自有天际真人想"。天际真人是晋人理想的人格，也是理想的美。

晋人风神潇洒，不滞于物，这优美的自由的心灵找到一种最适宜于表现他们自己的艺术，这就是书法中的行草。行草艺术纯系一片神机，无法而有法，全在于下笔时点画自如，一点一拂皆有情趣，从头至尾，一气呵成，如天马行空，游行自在。又如庖丁之中肯綮，神行于虚。这种超妙的艺术，只有晋人萧散超脱的心灵，才能心手相应，登峰造极。魏晋书法的特色，是能尽各字的真态。"钟繇每点多异，羲之万字不同。""晋人结字用理……用理则从心所欲不逾矩"。唐张怀瓘《书议》评王献之书云："子敬之法，非草非行，流便于行草；又处于其中间，无藉因循，宁拘制则，挺然秀出，务于简易。情驰神纵，超逸优游，临事制宜，从意适便。有若风行雨散，润色开花，笔法体势之中，最为风流者也！逸少秉真行之要，子敬执行草之权，父之灵和，占之神俊，皆古今之独绝也。"他这一段话不但传出行草艺术的真精神，且将晋人这自由潇洒的艺术人格形容尽致。

中国独有的美术书法——这书法也是中国绘画艺术的灵魂——是从晋人的风韵中产生的。魏晋的玄学使晋人得到空前绝后的精神解放，晋人的书法是这自由的精神人格的最具体最适当的艺术表现。这抽象的音乐似的艺术才能表达出晋人的空灵的玄学精神和个性主义的自我价值。欧阳修云："余尝喜览魏晋以来笔墨遗迹，而想前人之高致也！所谓法帖者，其事率皆吊哀候病，叙睽离，通讯问，施于家人朋友之间，不过数行而已。盖其初非用意，而逸笔余兴，淋漓挥洒，或妍或丑，百态横生，披卷发函，烂然在目，使骤见惊绝，徐而视之，其意态如无穷尽，使后世得之，以为奇玩，而想见其为人也！"个性价值之发现，是"世说新语时代"的最大贡献，而晋人的书法是这个性主义的代表艺术。到了隋唐，晋人书艺中的"神理"凝成了"法"，于是"智永精熟过人，惜无奇态矣"。

容貌、器识、肉体、精神，是世说新语时代的品藻人物的四个关键词。重容貌、仪态之美，审美的标准也呈现多元化。威武是美，枯槁也是美；华丽是美，自然也是美。魏武扮成的捉刀侍卫美得近乎幼稚，卫玠为梦何来而苦思成疾实在固执，桓温之妻手执白刃带数十奴婢打上夫君妾室门上，见李氏长发垂地，凄楚哀怨，发出我见犹怜之叹，气势汹汹打将上门，又怜惜容纳，又是何种生动的美。王戎的情之所钟正在我辈，桓子野的一往而深情，阮籍丧母后吐血数升的形销骨毁是重情有义。嵇康柳树下锻铁扬锤不辍、临刑东市索琴而弹是傲骄，王子猷雪夜访戴是不为目标所羁绊的率性，刘伶醉酒脱衣裸形是任性洒脱的佯狂，阮籍穷途痛哭而返是对内心纠结无法面对的逃脱，王戎夜中数钱是自求避祸的自污。凡此种种，千人不再一面，形形色色的名士形与神都是时人观识品藻的对象，观得不仅深入，还呈现审美的多元。

第四节 《围城》：两足无毛动物

钱锺书在自序中说："在这本书里我想写现代中国某一部分社会人物。写这一类人，我没有忘记他们是人类，具有无毛两足动物的根性。"而这一类人物，就是当时的病态的知识分子。

天下只有两种人。比如一串葡萄到手，一种人挑最好的先吃，另一种人把最好的留到最后吃。照例第一种人应该乐观，因为他每吃一颗都是吃剩的葡萄里最好的；第二种人应该悲观，因为他每吃一颗都是吃剩的葡萄里最坏的。不过事实却适得其反，缘故是第二

种人还有希望，第一种人只有回忆。——钱锺书《围城》

1947 年出版的《围城》是中国现代文学史上一部风格独特的讽刺小说，被誉为"新儒林外史"。小说中刻画了一大批三四十年代的知识分子形象。他们游离于当时的抗日烽火之外，虽然都是留学归来，受到了西方文化的熏陶，但他们没有远大的理想，又缺乏同传统势力和思想斗争的勇气，结果甚至无法把握自己的生活。像主人公方鸿渐，"冷若冰霜、艳若桃李"的苏文纨，庸俗贪财的学术骗子李梅亭，柔顺之下深藏心机的孙柔嘉等……作者以机智的幽默和温情的讽刺，剖析了这群人的个性与道德上的弱点，揭示了他们的精神困境。

钱锺书几乎必然地要从文化上来认识"围城"的精神困境，从而产生深刻的孤独感和荒诞感，在全书的结束部分，方鸿渐在经历了教育、爱情、事业和家庭(婚姻)的失败后，这样感叹：在小乡镇时，他怕人家倾轧，到了大都市，他又恨人家冷淡，倒觉得倾轧还是瞧得起自己的表示。就是条微生虫，也沾沾自喜，希望有人搁它在显微镜下放大了看的。拥挤里的孤寂，热闹里的凄凉，使他像许多住在这孤岛上的人，心灵也仿佛一个无凑畔的孤岛。"中国人品性方正所以说地是方的，洋人品性圆滑，所以主张地是圆的。"

《围城》中的讽刺更多的是基于对人性的解剖。比如方鸿渐著名的克莱登大学假博士，集中体现了人性中的欺诈、虚荣、软弱、对环境的无奈等，又如李梅亭偷吃烤地瓜，陆子潇以国防部、外交部信封唬人，范小姐用不通的英文假冒作者赠书给自己等，举不胜举。读者扪心自问，做过这些事的似乎不止这些人，有时也包括自己，就好像我们在阿Q 的脸上看到自己的相貌特征一样。

一、有理想有良心但性格懦弱的知识分子形象

这类人以方渐鸿、赵辛楣为代表。他们在爱情、事业、家庭方面处处碰壁，始终没有自我，与外界格格不入。

（一）性格懦弱的方鸿渐

在这本书当中，方鸿渐无疑是一个举足轻重的角色，作者赋予其许多的言论、思想，甚至通过他来洞察世间百态，但方鸿渐并不因此而使人觉察到他的学问博大精深，唯独他的身上有着某一类人的特征，或者说在他身上作者将某一些人的劣根性阐述得淋漓尽致。

方鸿渐还算得上是善良人士，至少他良心未泯。赵辛楣曾说过方鸿渐"是个好人"，尽管"全无用处"。这善良的本性使他为了给父亲挣足面子，为了"报答"周经理提供的留学经费购买了子虚乌有的克莱登大学"授予"的"博士证书"，并且这善良又使得他后来必须不忍伤害苏小姐而整日担惊受怕。克莱登大学显然是方鸿渐心中的刺，不大不小，却也拔不出来，只能任它在心窝上搅得隐隐作痛，还得战战兢兢怀疑别人是否看出他挨了一刀跑来惺惺作态地嘘寒问暖。方鸿渐对文凭的看法是颇有意思的——"这一张文凭，仿佛有亚当、夏娃下身那片树叶的功用，可以遮羞包丑；小小一方纸能把一个人的空疏、寡陋、愚笨都掩盖起来。自己没有文凭，好像精神上赤条条的，没有包裹。"这段话讲得十分精彩，极尽讽刺；只可惜方先生敢于怀疑，敢于批判，却不敢反抗，更无法从中脱离出来宣扬自己的个性，终究还是要考虑"父亲是科举人，要看'报条'，丈人是商人，要看契据"。

方鸿渐的善良在于他既然买了文凭却没有说服自己那是文凭的勇气，他羞愤于报纸关于自己"顷由德国克莱登大学荣授哲学博士"的消息。同时也无法做到韩学愈的洒脱，骨子里的正直、怯懦不允许他如此，哪怕最后被校方看轻也只能忍气吞声。小说中当三闾大学校长高松年说道："我愿意请先生来当政治系的教授，因为先生是辛楣介绍的，说先生是留德的博士。可是先生自己开来的履历上并没有学位……"之后，鸿渐的脸红得像有一百零三度寒热的病人。方鸿渐并不单纯只是因为害羞，单纯因为苏小姐所谓"大学同学的时候，他老远看见我们脸就涨红，愈走近脸愈红，红得我们瞧着都身上发热难过。我们背后叫他'寒暑表'，因为他脸忽升忽降，表示出他跟女学生距离的远近，真好玩儿",他的脸红大多数是因为心虚,而他的心虚绝大部分原因和他的性格有关。

情场上,方鸿渐先前还是春风得意的,既能和鲍小姐在船上鬼混出个名堂(尽管这名堂最后已经成不了名堂),又有苏文纨这样堂堂一位货真价实的博士,在知道方鸿渐拿的是假博士文凭后,仍倾心于方,可见他还是有点魅力的。然而在苏小姐好巧不巧地带出一位唐小姐后,一切开始走样了。鲍小姐走时,方知道自己被摆布了,道出"女人是最可怕的!"这时候的伤害倒还是不痛不痒的;至于他和苏小姐的结束,更是解脱了,毕竟方鸿渐之前也只是"明知也许从此多事,可是实在生活太无聊,现成的女朋友太缺乏了"加上苏小姐在船上有诸多的暗示不得已"喜欢"苏小姐,但方显然没有真正理解到"女人是最可怕的!"这句话的内在实质,苏小姐被拒绝后羞愤地使出离间计,假文凭因此被唐小芙识破,方鸿渐阴差阳错失去了唐小姐。

方鸿渐因此死了一回,"觉得天地惨淡",甚至对于爱情失去了信心,那种刻骨铭心痛只要一次就足够了。这是方的不幸,同时也是万幸。假使没有唐小姐,方鸿渐没有痛苦的失恋,也许往后他的婚姻要幸福得多。但失恋以后,他至少对这个世界有了一点深层次的了解,并不是那么单纯的,后来和孙柔嘉的不愉快也不显得那么重要了。之前,赵辛楣再三说孙柔嘉的"假天真",方鸿渐并非真的不明白,明知道那是个陷阱,依旧毫不犹豫地往下跳。其中有方鸿渐逞强英雄护弱女的成分,有他神志不清的成分,事实上就有些心非所愿,虽然他对孙小姐的用情实在少得可怜。而他与苏小姐接触时,正赶上春风得意苏小姐又有情有义,但他并不心动,却在运气最差之时找到人生伴侣,可见太不明智了。这也是方鸿渐的特有属性之一,或者说他看中的是这份平淡,更直白地说就是圈子过小而方的见解也未免天真。

方鸿渐的不明智不仅表现在感情上,在实际生活中的正直却懦弱,也注定了他做人的失败。方鸿渐对唐小姐的感情是毋庸置疑的,他甚至将唐小姐的来信用"送给他吃的夹心朱古力糖金纸匣子"装着。匣子本是装糖的，现在用来装信，这两者品味起来，不是甜在嘴上就是甜在心里。但自从方鸿渐和唐小姐分开以后，个人的感情观变了，人生也开始走下坡路。先前他虽不至于有什么功绩壮举，尽管玩世不恭、才疏学浅、恃才而傲，但至少有种读书人的气质，去三闾大学一路上一直到三闾大学，他的嘴里不再是整天不切实际的长篇大论，他的际遇也渐渐不好起来，高松年降其为副教授，学生瞧不起他，同事中的人际关系不好，仿佛他所拥有的一切都凭空消失，甚至他的脑子也迟钝。

韩学愈一事，看得出他的天真，撕破了脸，成了小人争斗中的棋子亦不自知，自以为和刘东方成了统一战线，最后和其妹相亲不成，还惹人嫌。可见他将韩学愈的事托出全无好处，他大可以不戳破真相，与之共进共退，说不定能彼此不安好心地相扶持倒也不至于一事无成。但这些不可能被加诸在方鸿渐身上，以至于他越来越"忧患穷困""人穷志短"，他甚至已经失去了与严酷的环境开玩笑的能力，当他疲于应付日常琐碎的一切，背着精神包袱与各种不得不打交道的人事周旋的时候，方鸿渐已经彻彻底底地失了先前的潇洒。更确切地说方鸿渐如果生活在一个相对宽容的环境中，他应该是迷人的，他的优柔寡断可能被认为是温文尔雅，这时候他的那种玩世不恭的态度恰恰能为他创造一种典型成功人士的形象，然而在一个像三闾大学那样封闭狭隘、庸俗不堪的环境中，方鸿渐不得不向环境屈服。

在进入了婚姻的"围城"后，方鸿渐更是陷入了需要计算种种利害关系的"生活陷阱"之中，方鸿渐已成了一个为谋生而奔波的小职员，环境已将他"异化"成了一个谋生者的角色。仅仅过日子就显得格外的不容易，首先是方鸿渐的老情人文纨，变着花样贬了柔嘉一通。然后是柔嘉的妯娌们，没有一个是省油的灯。而柔嘉又有一个"高参"陆太太，动不动就指导柔嘉如何管教丈夫。最后，还有一个仆人李妈，也是个多管闲事的人。方鸿渐堂堂一个活生生的人，他也许并没有大男子主义倾向，但受制于一人已是常人所不易忍受，何况他受制的不是一人，而是几个斤斤计较带着浓厚市井之气的女人。他终究被压缩成一个什么都是又什么都不是、一个或有或无又必不可少的"小人物"。在三闾大学之后，方鸿渐的个性渐渐地被忽视，甚至遗忘了。

有趣的是，尽管在书的后半部，方鸿渐的神采渐渐模糊，但他所讲的一大堆的废话却成了方鸿渐的特色之一，使人印象尤其深刻。方鸿渐小事不屑做，大事做不来；但他纸上谈兵的能力是不容小觑的。书中作者安排了这样一种巧合，唐晓芙讨厌电话，而方鸿渐宁可写信，也不愿打电话。作者笔下的方鸿渐是一个思想大于行动的人，擅长口若悬河忽东忽西大发不必要的议论，同时也擅长纸上谈兵，这至少能使他少懊悔几次。他常常在独自一人或事后时，思维很清楚；正面接触，甚至通电话时，便常常处于被动，忙着应付，手足无措，要么词不达意，要么信口开河。他可以骗得周经理的资助，可以骗得博士文凭，都是通过信，若要当面交涉，怕一件也办不成。正因为方鸿渐缺少一种必要的自信，他需要借助外物来权衡和掩饰自己的慌张，而这些也许他并不自知，毕竟大多数时候他心高气傲，有些不切实际。因而不难解释他的"兴趣甚广，无所用心"。

在这本书中，作者赋予《围城》战争为时代背景的同时，却又让它远离战争，这种交错的时空和文化，隐喻了作者所要描写的更多是特定背景下特定的人物，以及特定人物的特殊心情，方鸿渐就是在那样一个时代背景下某些知识分子的缩影。他失性颓废，被环境人物压迫得失性却不自知，他不合时宜地茫无是从，就像一位无家可归的流浪者。之前感情受挫折，事业没前途，和家人亲戚有矛盾，想到上海是待不下去了却不知该怎么办，于是投靠赵辛楣，而他结婚以后的家反而成了另一个战场，和孙柔嘉吵架，孙柔嘉看不起他，他不得不投靠赵辛楣。他的优柔寡断，全无主见在这里有了很清晰的体现。

实际上，方鸿渐称得上是一个悲剧人物，在许多人骂他不是个好东西的背后，更多的是一种难以言喻的同情。他的一生尽被偶然性操纵：如去欧洲留学，应三闾大学聘，甚至结婚也是突发事件。婚姻、家庭、事业都是一堵堵墙，逼得他艰于呼吸视听——"围城"的双重意味在他身上表现得最为明显:普通的小知识分子,一方面在狭小的"城"内举步维艰;另一方面自身又活脱脱是一座被围困的城!有人说方鸿渐"志大才疏,他追不到唐小姐却又看不上苏小姐,孙柔嘉是他折衷的选择,但是他的婚姻并不能算幸福;事业上他一事无成,不得不依靠着朋友赵辛楣,但他又具有比较强的个性,而且尽管他很聪明但做人也很失败"。这的确是十分贴切的说法,但他所谓较强的个性仅仅只是在某些时候某些地点突地冒出,从他对孙小姐的不忍伤害,对唐小姐的一片真情,与鲍小姐的逢场作戏,与孙小姐的仓促结婚……可见他虽不是一个大有用处的人,却是个心地善良,略带怯懦的人。也许可以说是一个善恶兼备,美丑并加的角色。

(二) 浮夸迷惘的赵辛楣

赵辛楣是《围城》的二号男主人公,《围城》中除了方鸿渐赵辛楣也是唯一一个贯彻始终的角色。但赵辛楣最初是以苏文纨追求者的身份登场,在苏家与方鸿渐争风吃醋,与方鸿渐可谓"不打不相识"。但在苏文纨嫁给了曹元朗之后,赵辛楣和方鸿渐同赴三闾大学任教,此时二人已化敌为友,赵辛楣在小说中身份转换为方鸿渐的"伙伴"和"助手",他对方鸿渐慷慨资助并建议方鸿渐孙柔嘉在香港登记结婚,而后在重庆的召唤成为方鸿渐决心出走的原因,从某些方面上说,赵辛楣俨然控制着方鸿渐的进和退。赵辛楣在小说中算是颇为可爱的角色。他活得挺潇洒,"进可以做官,退可以办报",再不济还能教书,而且是个系主任。他留洋学的是政治,颇有政治家的见地和风度,而且擅长用响亮流利的美国话演讲,他为人热情大方,对朋友真心帮助,是一位有着独特性格、有着他自个儿"灵魂"的人物:豪爽又不失儒雅,浮夸又不乏精明。

赵辛楣的确精明,他可以很敏锐的察觉孙柔嘉的假天真,可以在任何环境中保持良好的人际关系,而且相对于方的窘状,赵辛楣就显得更有主动性了。由于家世原因,他的自由度比旁人大,遭苏小姐"遣散"后可去三闾教书,在三闾崩盘后可去重庆谋事。他还有些理想主义的气息,到三闾前,满怀信心地说办教育是培训青年、改造社会的出路。从方鸿渐赵辛楣两人同去三闾大学开始，是赵辛楣一手将方鸿渐带入一个新的生活圈子。赵辛楣和方鸿渐可以说相处得十分融洽，而他为人豪爽，在即将到达三闾大学的时候，赵辛楣作了总结："像咱们这种旅行，最试验得出一个人的品性。旅行是最劳顿，最麻烦，叫人本相毕现的时候。经过长期苦旅行而彼此不讨厌的人，才可以结交作朋友。"方鸿渐便问自己讨厌不讨厌，赵辛楣答道："你不讨厌，可是全无用处。"方鸿渐想不到赵辛楣会这样干脆地回答，气得只好苦笑。

但赵辛楣的缺点在于有时候故意拿腔作调，摆弄政治家派头。比如他说："办报是开发民智，教书也是开发民智……论影响的范围，是办报来的广，不过，论影响的程度是教育来得深。"但是这番话却被方鸿渐以"大话哄人"和"小政客办教育"讥讽得体无完肤。此外，赵辛楣就可以说是无可挑剔的人物了。但最后苏文纨选择和曹元朗结婚，不仅跌破了方鸿渐的眼镜，多多少少也伤了赵辛楣的心。但这对于赵辛楣来说确是好事，毕竟苏文纨选丈夫，不是选所谓"乘龙快婿"，而是选一个易于控制的，比较没用的男人。因此，她不会选赵辛楣。赵辛楣拥有家世、有地位、事业如意，无需苏文纨的施舍，这就减轻了苏文纨的优越感。只可惜赵辛楣虽曾强调过自己对苏文纨的心死，却在见到中文系主任汪处厚的年轻太太以后感觉她和苏文纨相像，于是与汪太太有了越轨交往，而老校长高松年也对汪太太抱有非分之想，就向汪处厚揭发他们的私情，赵辛楣只得离开三闾大学。但他到了重庆进了国防委员会，颇为得意，比起出走时的狼狈，像换了一个人。总归一句，赵辛楣有混社会的本钱！

二、有理想无良知且虚荣虚伪的知识分子形象

在《围城》中，钱锺书还塑造了一批缺乏知识分子的良心，奉行"如果一个知识分子不脸黑，那么他越是有才能，就越是显得无能，越是'无用'"哲学的知识分子形象。这些知识分子会招摇撞骗、会阿谀奉承、会搬弄是非、老谋深算，他们有靠山、会投机取巧。在爱情、事

业、家庭方面都比赵辛楣和方鸿渐这些知识分子好。如：苏文纨、曹元朗、高松年、李梅亭、褚慎明、陆子潇、韩学愈等。

（一）虚荣刻薄的苏文纨

苏文纨是一个"精品女子"，所谓"精品"即家世好、学问好、相貌好，只是年龄偏大了一些。她是在《围城》中第一个亮相的。戴着太阳镜，身上摊本小说。穿着体面，皮肤偏白，眉目清秀，身段瘦削，像方头钢笔划成的。当然，这外表难免给人以冷艳、孤傲，甚至于刻薄之感。比如在回国的船上看到鲍小姐的穿着，觉得她有伤及中国国体，说："鲍小姐的行为不像富学生，打扮也够丢人。""她鄙视鲍小姐这种作风，不愿意跟她多讲。"被她一向瞧不起的孙太太，但是听了孙太太几句奉承话后，厌恶鄙夷之形立刻收敛起来，转而变得温柔和气，甚至原本对孙太太小孩的讨厌也变成了喜爱。从中不难看出，她是一个十分势利，嫌贫爱富，却又喜欢被人拍马屁，爱慕虚荣的女人。

在认识了自己感觉还不错的方鸿渐后，并没有主动出击追求他，而是保持传统女性的矜持，在等待着方鸿渐示爱。其实受过西方高等教育的苏文纨应该接受了西方在爱情上男女自由、平等的先进思想。看到自己心仪的人就应该大胆去追求，但她脑海里依然摆脱不了中国传统的男婚女嫁思想的束缚。这里其实隐约就可以看出作者对一个高级知识分子思想的讽刺。又如鲍小姐在香港下船回归未婚夫的怀抱后，苏文纨便开始了她的出击，把自己装扮得袅袅婷婷，等待方鸿渐的示爱，当方鸿渐说出暧昧的话语时，她双颊涂的胭脂下晕出红来，像纸上沁的油渍顷刻布满脸，腼腆迷人。与方鸿渐在船上相处的苏文纨表现得有头脑、有相貌，时而顽皮时而娇痴，连方鸿渐都认为是最理想的女朋友。

此后苏文纨便帮方鸿渐洗手帕、补袜子、缝纽扣，这一系列的举动让方鸿渐有些招架不住，这些举动都是太太对丈夫尽的小义务。刚认识几天便悉心做出了这样的事来，似乎给人贤妻良母的形象，这样的重炮轰击不得不让男人服软。苏文纨首次主动出击就能这样让方鸿渐招架不住，可见这个女人很不简单。尤其是不惜放下大小姐的架子帮人家洗手帕、补袜子，想必这样的活对于一个大家闺秀的她也很少做的吧，真是用心良苦啊。他知道她每做一件事，良心上就增一分向她求婚的责任，可见苏文纨是个很有心计，貌似温柔的阴谋家。

在方鸿渐到苏家上门拜访时，苏文纨又故意设局看方赵二人相斗，又担心交战太猛烈，二人只剩一人，极大地满足了她的虚荣心。当自己示爱失败后大骂方鸿渐是骗子恶棍，并把买卖假文凭和回国船上的事情一一抖出来，由此闹得不欢而散，又可看出她是一个报复心极强的女人。在对待表妹唐晓芙时又显出了一个自私、爱吃醋、占有欲很强的女人，与方鸿渐断绝后，迅速地投入曹元朗的怀抱，曹元朗长了一个"四喜丸子的脸"，他做诗的高论就是"你只要看忽而用这个人的诗句，忽而用那个人的诗句"。行婚礼时，苏文纨紧张难看，新郎新娘的脸哭不出笑不出的表情，全不像在办喜事，倒像公共场合"谨防扒手"做出的那些表情。由此可看出苏文纨已把自己婚姻当作人生中的一项任务来完成。

结婚后穿着打扮要比婚前花哨时髦得多，书中这样写道："旗袍掺合西式，紧俏伶俐，袍上的花纹是淡红浅绿横条子间的白条子，花得像欧洲大陆上小国的国旗。"从中隐约透露出她思想观念的转变。与赵辛楣说"她那儿还保留着许多他的信，信上有部分话她现在还可以接受"给人暧昧轻佻的感觉。又帮着赵辛楣空运物资，发国难财。从一个思想清纯的大家闺秀变为轻佻的妇人，从高级知识分子变为唯利是图的资本家。

杨绛女士在《记钱锺书与〈围城〉》中曾指出苏文纨有多种性格。首先，她是个留过洋的高级知识分子，是在"五四"解放后走上社会舞台的新派女性代表，敢于自己主动追求爱情，打破传统的"父母媒妁之言"的婚姻制度。其次，在国难当头之际，在物欲与金钱的诱惑下大发国难财，俨然抛弃了作为一个高级知识分子所应具有的爱国热情和人生观。现今社会的女性中仍有苏文纨这样的影子，有的想在社会上争取一份女性天地，而这样的女性多半是时代的潮流人物，是女强人的形象。

也有像苏文纨后期一样禁不住物欲与金钱的诱惑而以身试法的女性。社会正在进步，男女平等的观念也逐渐深入人心，女性应该融入社会展示自己的学识才能，得到社会的尊重男人的赏识，在社会中赢得更多的地位。

(二)庸俗无聊的曹元朗

曹元朗在小说中的戏份不多，作者在描写到方鸿渐初见曹元郎这样写道："鸿渐吓了一跳，想去年同船回国那位孙太太的孩子得这样大了，险些叫他'孙世兄'。"孙家小儿与曹诗人相似，当曹元朗出场时却以此来调侃曹，曹诗人的风采不怎样，但确是苏文纨最后的选择。曹本身并没有存在的价值，他没有赵辛楣的幽默潇洒，也无法效仿方鸿渐在苏小姐心里投下炸弹，充其量就只是赵辛楣所讲的因为这两人都是诗人，可以看懂对方的大作，对于两人来讲才是不错的组合，另一方面也因为曹刚好赶上苏文纨急于在感情上挽回面子的时机，而他的逢迎和没有个性恰恰能衬托出苏小姐的光彩，苏由此还有一个发淫威的舞台。毕竟苏文纨选丈夫，不是选所谓"乘龙快婿"，而是选一个易于控制的，比较没用的男人。

曹元朗的第一次登场也和苏文纨有关，他是苏小姐用来刺激方鸿渐、赵辛楣，用来看三人为自己争风吃醋借此抬高自己的身价的棋子。只能说新派诗人曹元朗不是太幸运就是太倒霉，他被苏小姐看上以后就彻底失去了自由，苏小姐要他"做官"就只能"做官"，哪还有什么新派诗人的模样？

(三)老谋深算的高松年

首先高校长是个伪善之人，同时又是知识分子中积极用世的代表。他是我们平常意识中的那种精英分子的形象。他具有把事情办得面面俱到而不落褒贬的才能，他"一脸的严肃堆得可以用刀来刮"。但他在赵辛楣一事上处理不当，由于对汪太太抱有非分之想，向汪处厚揭发他们的私情，赵辛楣只得离开三间大学，这使得他的形象大打折扣。

高松年之所以是高松年，就因为他如政客一般圆滑，善于见风使舵，随机应变。高松年校长"自负最能适应环境，对什么人，在什么场合，说什么话。……今天政治学会开成立会，恭请演讲，他会畅论国际关系，把法西斯主义跟共产主义比较，归根结底是中国现行的政制最好。明天文学研究会举行联欢会，他训话里除掉说诗歌是'民族的灵魂'，文学是'心理建设的工具'以外，还要勉励在座诸位做'印度的泰戈尔，英国的莎士比亚，法国的罗素，德国的歌德，美国的——美国的文学家太多了。'……此外他还会跟军事教官闲谈，说一两个'他妈的！'那教官惊喜得刮目相看，引为同道。"高松年伪装自己的目的全在于既不得罪人，又实现自己的打算。而且高松年要比李梅亭善处世，李梅亭喜明争，高松年喜暗斗，李梅亭"假"得很招摇，又不检点，容易得罪人，高松年"假"得一团和气，左右逢源，为的是拉拢人心。

但高松年精明能干，第一个受害者是方鸿渐。高校长跟方鸿渐谈话，每一句都是一步算计，每一句都透着老练，每一个表情都是在掩饰内心的真实想法。先是装腔作势强调已经发出过一封给方鸿渐"快信"的"事实"，让他又领了高校长的一份恩，这副教授得来如此不容易，沉甸甸都是高校长的抬举。高松年老奸巨滑，对方鸿渐明褒一番，待到方鸿渐虚脱才亮出底牌，让方鸿渐无缘无故地受了高校长的一份情，全然一副政客的嘴脸，无怪乎方鸿渐被牵着鼻子走了一段路还不自知。

(四)厚颜无耻的李梅亭

李梅亭是钱锺书先生的小说《围城》中的一个陪衬性的人物，也是中国四大吝啬鬼之一。《围城》对李梅亭言谈举止的细节进行了有限而辛辣尖酸的描写，创造出了李梅亭这一具有灰色的性格特点的文学形象。人们在评论李梅亭时，归纳了他具有吝啬、自私自利、虚伪狡诈、庸俗势利、不学无术、无知可笑、虚荣、龌龊、言行不一、满口仁义道德、"满腹男盗女娼的半旧遗老"、虚伪、道貌岸然、卑鄙等恶劣品质。以下从几个方面归纳出李梅亭的猥琐灵魂和灰色人生：李梅亭带着一箱药梦想发财，却不肯给同行生病的孙小姐一包仁丹治病；在小镇经费不够了，李梅亭假装钱财充公却私攒买烟买山薯，并且躲在墙角吃独食被方鸿渐发现了；这可见他不愿分享，没有集体感。满口仁义道德却半路在镇上嫖土娼；自己爱打牌却禁止别人打牌……

李梅亭是作者笔下落墨极重的人物，这个人的势利自私好色小气表现让人觉得非常的好笑，但不管怎么说，他混得要比方鸿渐好得多，即使是赵辛楣也未必是他的对手。而李梅亭是以流氓文人的形象面世的。他那一大箱的私药却又偏偏和古文学的知识卡片的影子重叠在一起，这一意象似乎暗示着：当"流氓"上升为"文化"后……面对知识分子，他是流氓——这已毋庸赘言；而面对流氓时呢？——"我们都是大学教授！"

（五）欺世盗名的褚慎明

这又是一个极具特色的人物。首先"围城"的含义是通过他和苏文纨大谈特谈时引发出来的，并且他还是"中国哲学界的创始人"，这个称号的得来可真得感谢他的虚荣心，如果不是他这颗宝贵的心让他一封一封地写信给外国哲学家，然后拿到回信，继之向同行卖弄，怎么可能会获得这样的称号？褚慎明是个哲学家，用他的话说他的确是十分伟大的，连罗素等人都和他有书信往来。他的"不小心透露"这一消息，绝对用心良苦的。但若要想打着世界著名哲学家旗号招摇撞骗成功，还是要有些功力，除了坐怀不乱，同时辩功必不可少，至少他连一句"从没学过"也能阐述出"这话有语病，你没学过，怎会'知道'它难呢？你的意思是：'听说这东西太难了'！"可见他如果不是闲得无聊就是忙得发疯，较于方鸿渐的胡言乱语有过之而不及，作者笔下的青年哲学家褚慎明就是一个受中洋教条毒害的典型人物，哀叹攀了许多哲学家和洋哲学名词去吓唬人，自己大概也被这些东西"吓坏"了身体，成了一个躬腰驼背的"老太婆"式的怪物。

（六）摆弄是非的陆子潇

书中有一段陆子潇的外貌描写："陆子潇这人刻意修饰，头发又油又光，深恐为帽子埋没，与之不共戴天，深冬也光着顶。鼻子短而阔，仿佛原有笔直下来的趋势，给人迎鼻孔打了一拳，阻止前进，这鼻子后退不迭，向两旁横溢。因为没结婚，他对自己年龄的态度，不免落在时代的后面；最初他还肯说外国算法的十足岁数，年复一年，他偷偷买了一本翻译的《Life Begins at Forty》，对人家干脆不说年龄，不讲生肖，只说：'小得很呢！还是小弟弟呢！'同时表现小弟弟该有的活泼和顽皮。"但小弟不小，陆子潇是个世故之人，摆弄是非、计较得失、制造闲言碎语是他的专长。陆子潇还将各个系的教授副教授的等级都打听得一清二楚，还善于揣测、告密：从方鸿渐说漏了嘴的一句话判断方鸿渐与韩学愈是克莱登大学"校友"，便将此信息迅速传到韩学愈那儿，让韩学愈早早地提防方鸿渐。只能说他手段高明，但却也是可笑。

（七）招摇撞骗的韩学愈

文中有一段话描写韩学愈讲话："跟韩学愈讲话仿佛去看慢电影，你想不到简洁的一句话需要那么多的筹备，动员那么复杂的身体机构。时间都给他的话胶着，只好拖泥带水地慢走。韩学愈容颜灰暗，在阴天可以与周围的天色相融无间，隐身不见，是头等的保护色。他只有一样显著的东西，喉咙里一个大核。他讲话时，这喉核稍隐复现，令鸿渐想起青蛙吞苍蝇的景象。"说话如此经济，合上中国一大信仰男子无口才便是有道德，再者加上他灰暗的皮肤这层保护色，故而拿着假文凭，如此尤泰然自得，撒谎一点也不虚心，真是个彻底的骗子。他轻松地做上系主任，同样是买来的假的克莱登博士文凭，方鸿渐由于心虚做个副教授还是破格聘用的，还得感谢高松年的大发慈心。韩学愈的弄虚作假骗过所有人的眼睛，同时他妻子的国籍也是很有争议的。韩学愈不仅骗技高超，离间功夫也一流，为了除去方鸿渐这颗眼中钉，为暗使学生离间方鸿渐和刘东方，甚至不惜频繁请学生吃饭，虽未获得很大成功，却也让二人颇为自危。

钱锺书先生以他的睿智向我们展示了一幅知识分子群像，他没有把知识分子当作先知先觉的人物来写，他所展现的都是以丑的形象出现的。钱锺书在《围城》中写了一些没有思想的、浑浑噩噩、丑陋的文化人。他们根本没有独立的精神没有独立的人格，没有超功利的文化情怀，甚至连民族的忧患意识也没有。所以三闾大学其实就是黑暗社会的一个缩影，它对我们的警示意义非常大。

看《围城》一方面可以让我们还原到历史，追溯到二十世纪三十年代，知晓那一段历史中知识分子的生活，同时我们也能从中汲取深刻的教训，重新反省当下的知识界以及读书界的各种欺骗和人性的缺失。我们是不是也在以虚伪地欺骗人的或被别人骗的方式存在？在一种尴尬的文化界虚妄苟安？我们是不是在不知不觉中成为一个多余的、无力的、无助的孤苦的存在？我们是不是充满了幻想而实际上永远是一个痛苦而在绝望中挣扎的可怜虫存在？看完之后，答案自在人心。钱锺书借方鸿渐的"围城"人生形态投射出人类尴尬的生存环境和人性悲哀。更重要的是它折射出了难题，也呈现出了答案。婚姻如围城，事业如围城，人生如围城，世间万物无不如围城。城外的人总觉得围城里充满着希望，而希望总是在接近事实后幻灭。因距离之感围城像水中花、镜中月，冲进去就被其中的种种烦恼包围，便是镜花水月幻灭之时。

第七章 "观"文

刘勰曾在《文心雕龙·知音》中云："世远莫见其面，觇文辄见其心。"其中"觇文"即是"观文"，而"见其心"则指向了"观人"。文学作品经由作者与读者的互动而产生意义，因此"人"自然也始终在文学鉴赏中占据核心位置，"观文"首先要"观人"，而"观文"的最终目的也指向"观人"。我们在文学鉴赏中虽然不能与作者谋面，但却"见字如面"，能够以文为媒，透过文字"见其心"。因此孟子论诗，必先论人，从作者的经历与时代背景出发，设身处地地推想作者情志，最后才能真正地理解诗意，达到"见其心"的效果。就文学鉴赏的方法而言，孟子论诗之法的要义不外乎"知人论世"。

第一节 《孟子》：尚友古人，知人论世

《孟子》云："一乡之善士斯友一乡之善士，一国之善士斯友一国之善士，天下之善士斯友天下之善士。以友天下之善士为未足，又尚论古之人。颂其诗，读其书，不知其人，可乎？是以论其世也。是尚友也。"(《万章》下)此语造就了文学批评史上赫赫有名的"知人论世"说。究孔孟子原意，是孟子的"尚友"之道，讲与古人交朋友的方法，本是就效法先人而言。由此可知，"知人论世"最初并不是文学鉴赏理论。而朱自清先生在《诗言志辨》说，"知人论世""并不是说诗的方法，而是修身的方法"，认为这个方法与颂《诗》、读《书》的关系是并列的。郭绍虞先生也认为："后代人把知人论世也看成理解《诗》的方法"，"那只能

视为是后人的发挥，而非孟子的原意"。

然而"知人论世"虽不是"评论作品"的方法，但实际上是指导读《诗》和用《诗》的好方法，也可以认为是一种文学批评的原则和方法。清人吴淇说："我与古人不相及者，积时使然。然有相及者，古人之《诗》《书》在焉。古人有《诗》《书》，是古人悬以其人待知于我；我有诵读，是我遥以其知逆于古人。是不得徒诵其书，当尚论其人。"①从文学鉴赏角度来看，所谓"知人"，就是了解作者的生活经历，理解作者的志向情思。所谓"论世"，是指了解作者生活的时代，了解当时社会的政治、经济、文化状况，以及时代因素对作者的性格和思想情感所产生的影响。

"知人"与"论世"是相互联系着的两个概念，"论世"是为了"知人"，而"知人"则必须"论世"。"知人论世"说可以理解为文学作品与作家的生活经历、思想情感，与作品产生的时代有着极为密切的关系。只有"知其人"——了解作者的生活思想，"论其世"——了解作品产生的时代背景，才能客观地理解文学作品。简而言之，在评论作品时要结合作品产生的时代和作者的生平和人格。清代章学诚秉持此种观点，他在《文史通义·文德》中说："不知古人之世，不可妄论古人之辞也。知其世矣，不知古人之身处，亦不可以遽论其文也。"此说丰富了"知人论世"理论，指出应当是"论世"第一，"知人"第二。要想正确评价文学作品，必须论世知人。

"论世"方能"知人"，因为人是社会的产物，一个人的处世行事的方式，思想精神的状况，都不是孤立的存在，而是在一定的社会环境中养成并受到社会生活的客观制约，因此，"论世"是"知人"的前提条件，不"论世"就无以"知人"，而不"知人"也就无以"论文"。

---

① 郭绍虞主编：《中国历代文论选》第一册，上海古籍出版社 1979 年版，第 87 页。

一、知人论世对文学鉴赏的影响

首先，可以了解作者的家世出身、人生经历，有助于认知作者。体会作品所寄托的情感。不同的家世会培养出人的不同性情和风格，不同的生活阅历会使他原有的风貌或者继续延伸，或者发生转变，所以在鉴赏文学作品时，作者所处的家庭背景和所经受的生活历程是不容忽视的。例如：苏轼一生虽经历了宦海沉浮，但他却一直保持着忠君爱国的情怀。即使在人生的逆境，也不乏豪放旷达的性情，也能够唱响生命的最强音，这与他从小接受的家庭教育密切相关。在苏轼的文学创作中表现出的道家思想，以及他所具有的超然豁达的精神，直接取益于他的启蒙老师张道士。母亲的家庭教育也影响了他的一生，使他一直有着积极入世、誓死报国的理想。只有了解作者的生活变迁，用"知人论世"的方法认真揣摩作者创作时的处境与心境，才能更准确地体会出作品的蕴意和情感。

其次，可以了解作者创作的时代生活，有助于把握作品的内涵。例如时代造就了归属于这个时代的作家，唐代的鼎盛与衰落造就了"诗仙"和"诗圣"的产生。以作者创作时代的把握为基点，我们就会更深层次地理解作品所深蕴的内涵。

二、后人对知人论世的评价与新解

先秦儒家诗学观念中的关键词，如"诗可以兴""以意逆志""知人论世"等，在历代诠释者的注疏或诠析中显示出两大类精神走向：传统士人多关注其中蕴含的政教或伦理成分，即为侧重"经"的一维；晚近学者，特别是当代学者多从文艺批评或美学的视角来诠释，也即为偏重"诗"的一端。

孟子诗学关键词"知人论世"说的"友道"精神，蕴含深厚的思想史内涵与文化因素。这一解析说明的问题是，今人以纯文学化的"诗"学观念读昔日之"经"，往往淡忘、简化或遮蔽了这些诗学观念里面所蕴含着的深层的思想资源。传统士人常能立足经典文本而发，能以儒家学说的本来面目观照一切，根柢磐深而易流于生硬；晚近学者，特别是当代学者多从文艺批评或美学的视角来诠释，本就艺苑新声而发，偶有兴会之谈，贵能出新而易失之空疏。如果能将两类精神走向更密切地联系起来，使其水乳交融，将会是另一种既富于历史厚重感又具有现代性色泽的阐释走向。

三、知人论世理论在实践中的应用

孟子提出的知人论世的观点，不仅具有文学批评理论建构的意义，而且具有文学作品阅读实践的指导作用。知人论世既是阅读欣赏文学作品的前提条件，也是一种基本方法。从一定的角度而言，知人论世是读者打开文学作品殿堂的一把钥匙。

阅读实践证明，只有全面理解作者其人，才能全面地理解他的作品。"知人论世"在阅读中的作用主要还在于要将作者的人品和文品联系起来考察理解，这是读者能够深得作品主旨内涵的必要手段。"知人论世"是文学鉴赏中的重要原则，它是一个合二为一的命题，我们既不能单一侧重"知人"，也不能单一侧重"论世"。只有既全面地了解作者其人，又全面地了解他所处的时代生活，我们才能对文学作品了解得深刻、透彻。周裕楷也曾指出，"由于作者及其所生活的时代已成为过去，只是在文献中留下了印记。这就意味着要'知人论世'"。当然，阅读欣赏文学作品的方法不是只此一端，在文学鉴赏中，除了"知人论世"的鉴赏方法外，还有"以意逆志""诗无达诂""比兴寄托""温柔敦厚""虚实相生""文以载道"等，都是必不可少的方法，要综合运用，才能真正获得作品的精髓，取得最佳的阅读欣赏的效果。

无论如何，"知人论世"是文学鉴赏的基础和前提，正如丹纳所说的："要了解一件艺术品，一个艺术家，一群艺术家，必须正确设想他们所属的时代的精神和风俗概况。这是艺术品的最后解释，也是决定一切的基本原因。"只有在"知人论世"的基础上，对各种鉴赏方法进行综合运用，实现感性与理性的完美结合，我们才能获得作品的本质与精髓，才能真正体会到作品的美之所在。

第二节 《文心雕龙》：圆照之象，务先博观

一千个读者就有一千个哈姆雷特。拿莎翁名剧《哈姆雷特》来说，有人认为哈姆雷特是个犹豫不决、事事延宕的弱者；有人认为他是有勇有谋，沉着冷静的复仇者；还有人认为他是个热爱生活，散发着理想主义光辉的战斗者。因为读者的年龄、生活阅历、阅读体验和审美旨趣的差异，对文学艺术作品的认知也绝不相同。魏源曾评说《诗经》"夫《诗》有作《诗》者之心，而又有采《诗》、编《诗》者之心焉；有说《诗》者之义，而又有赋《诗》、引《诗》者之义焉"①。

一、文情难鉴

董仲舒说"《诗》无达诂，《易》无达占，《春秋》无达辞"②，达诂即指对文学作品无法有肯定确切的解诂。究其原因，最终可归结为文情难鉴。刘勰在《文心雕龙·知音》中说：

> 知音其难哉！音实难知，知实难逢；逢其知音，千载其一乎！夫古来知音，多贱同而思古；所谓"日进前而不御，遥闻声而相思"也。昔《储说》始出，《子虚》初成，秦皇、汉武，恨不同时；既同时矣，则韩囚而马轻，岂不明鉴同时之贱哉？至于班

---

① 魏源：《诗古微》上编之一《通论传诗异同·齐鲁韩毛异同论中》，魏源全集编辑委员会编校：《魏源全集》第1册，岳麓书社2004年版，第129页。

② 董仲舒著，周桂钿译注：《春秋繁露·精华第五》，中华书局2011年版，第58页。

固、傅毅，文在伯仲，而固嗤毅云"下笔不能自休"。及陈思论才，亦深排孔璋；敬礼请润色，叹以为美谈；季绪好诋诃，方之于田巴：意亦见矣。故魏文称"文人相轻"，非虚谈也。至如君卿唇舌，而谬欲论文，乃称史迁著书，咨东方朔；于是桓谭之徒，相顾嗤笑。彼实博徒，轻言负诮；况乎文士，可妄谈哉？故鉴照洞明，而贵古贱今者，二主是也；才实鸿懿，而崇己抑人者，班、曹是也；学不逮文，而信伪迷真者，楼护是也。酱瓿之议，岂多叹哉？

牟世金曾解读过此文："文学批评或鉴赏的对象是文学作品，它是通过艺术形象来表达作者的思想感情，其独特性便由此产生。刘勰用'形器易征'和'文情难鉴'相较来说明其特征，正突出了文学艺术的抽象性。"①文学批评难在"文情难鉴"，这个问题也是刘勰文学批评论的核心。刘勰慨叹"音实难知，知实难逢"。穷根究理，从读者的角度，刘勰将"文情难鉴"的原因剖析为：一是崇古非今，二是文人相轻，三是信伪迷真。若从作者角度来看，"文情难鉴"的原因还在于：作者的思想情感表达隐晦曲折。

先说阮籍，其《咏怀诗》，以八十首五言及十三首四言的组诗形式抒写怀抱，吟咏性情。钟嵘《诗品》中颇有赞誉："《咏怀》之作，可以陶性灵，发幽思。言在耳目之内，情寄八荒之表，洋洋乎会于风雅，使人忘其鄙近，自至远大。"而在一片点赞之外，更多批评家每逢意欲探究其确切意旨时，又总感其诗隐晦曲折。真如评家所言，"阮旨遥深"（刘勰语），"厥旨渊放，归趣难求"（钟嵘语），"百代之下，难以情测"（萧统语），"反复零乱，兴寄无端"（沈德潜语）等。

譬如：

---

① 牟世金：《文心雕龙研究》，人民文学出版社 1995 年版，第 441 页。

《咏怀·八十二首·其一》

夜中不能寐，起坐弹鸣琴。

薄帷鉴明月，清风吹我襟。

孤鸿号外野，翔鸟鸣北林。

徘徊将何见？忧思独伤心。

清风明月的高洁寂寥，孤鸿翔鸟的孤独彷徨，兴象的萧瑟悲苦，寓托诗人满怀伤心。徘徊之下，诗人眼中已无他物，笔下只余伤感。

再如：

《咏怀·八十二首·其十七》

独坐空堂上，谁可与欢者？

出门临永路，不见行车马。

登高望九州，悠悠分旷野。

孤鸟西北飞，离兽东南下。

日暮思亲友，晤言用自写。

堂前无人，大路无车，登高只见处处皆是空旷。是目中无人吗？非也。在以孤鸟、离兽写尽孤独之后，诗人也在思念亲友，不断在自己的脑海里想象与亲人相聚时的景象，以慰相思。为何相见不如怀念？皆因世人皆不解其中味。

《其一》的彷徨、《其十七》的孤独，诗人的情绪都通过兴象来传达，反复无端。倘若知其人，便对其诗有更深一层的理解。阮籍生活在西晋，政权更迭频繁，世事多变，司马氏篡权之后，政治愈加严苛，《晋书·阮籍传》中有"天下多故，名士少有全者"之说。当权者将传统的儒教打造为思想统治的武器。这一时期，在对政治失意之后，知识分子向内寻找，不再关注外部世界，个体生命意识觉醒，成就了一个文学自觉的时代。嵇康的《释私论》中说：

> 夫称君子者，心无措乎是非，而行不违乎道者也。何以言之？夫气静神虚者，心不存于矜尚；体亮心达者，情不系于所欲。矜尚不存乎心，故能越名教而任自然；情不系于所欲，故能审贵贱而通物情。物情顺通，故大道无违；越名任心，故是非无措也。

文士们鄙弃传统的束缚人性自由的儒家道德规范，拒绝与世俗社会合作，更关注于内心世界，做出了种种退守自我的姿态。与嵇康的越名教而任自然，与陶渊明退隐山林不同，阮籍将自身安置于朝堂之中，煊赫的家世，使他无法与当权者撇清关系，既受庇护又在威逼之下。万般恐惧与进退两难，使阮籍"口不臧否"，佯醉避祸，又时不时"穷途痛哭"。临渊履薄的恐惧和进退的两难使阮籍处于一种极端压抑的环境中。生逢乱世，进退两难，由是纵酒与任诞，隐晦曲折地抒写怀抱也是必然。

再说李商隐。李商隐《无题》诗约有二十余篇，大多诗意朦胧，情思婉转，语言精美，以难解著称。《无题》诗多写离别相思，相爱不能相守，笔下多传达种种复杂微妙的感受，幽深奥隐，深情缅邈。其诗的多义性，内在心灵的细腻、隐秘，意象组合拼接的跳跃，引发世人依据诗人的官场经历、人际关系进行了一系列的解读乃至附会。李商隐写诗不喜明显直白，往往在诗中留白，让读者去揣摩玩味。

如义山诗：

《无题·凤尾香罗薄几重》

凤尾香罗薄几重，碧文圆顶夜深缝。
扇裁月魄羞难掩，车走雷声语未通。
曾是寂寥金烬暗，断无消息石榴红。
斑骓只系垂杨岸，何处西南待好风。

　　罗帐，是古代诗歌中常用的男女欢会的象征。首联诗人描绘手缝罗帐场景，料得此诗女主应是一位幽居独处的闺中女子。在寂寥的长夜中默默地缝制罗帐的女主，此时正沉浸在对相会的无限期待中。颔联"扇裁月魄羞难掩，车走雷声语未通"中，女主与相爱之人在路上偶然相遇，男方驱车匆匆驶过，因羞怯或礼俗，女主只能以团扇遮面，以至于未通一语。长期得不到对方音讯，因而相遇的情景，怦然心动却又只能驻足远望的感受，让女主久久回味，反复体会。此联通过描绘一个生动的爱情片断，更侧重于曲折地表达她在追思往事时惋惜、怅惘而又深情的复杂心理。

　　颈联写黯淡的残灯与绽放的石榴花。暗示女主在无数次独自伴着逐渐黯淡下去的残灯，度过寂寥的不眠之夜，不知不觉中韶华已逝。石榴花红的季节，春意消歇。在寂寞的期待中，石榴花红又饱含着流光易逝、青春虚度的怅惘与伤感。残灯与红花，是女主人公相思无望情绪的外化与象征。诗人以意象的组接，极写别后的相思寂寥，具有更浓郁的抒情气氛和象征暗示色彩。尾联化用前人诗句，"斑骓"句暗用乐府《神弦歌·明下童曲》"陆郎乘斑骓……望门不欲归"，大概是暗示她日久思念的意中人其实和她相隔并不遥远，也许此刻正系马垂杨岸边呢，只是咫尺天涯，无缘会合罢了。末句化用曹植《七哀》"愿为西南风，长逝入君怀"诗意，希望能有一阵好风，将自己吹送到对方身边。

　　关于李商隐《无题》的诗意解读，大致有三种：一是抒写希望与失望交织的爱情和心理。二是将对社会和人生的凄凉体验和恍惚不定寓于爱情诗中，一种若有若失的情感，既可以理解为爱情诗又不仅仅是爱情诗。三是抒发怀才不遇，彷徨无措的失意情怀。李商隐《无题》诗给不同的读者以不同的情感体验，其诗测之无涯，观之无端，诗的象征性与多义性发展到了极致。在李商隐《无题》诗中，爱情也许只是一种符号，义山以痛入心扉的恋爱体验为表象，以对社会、人生、命运等终极性思考为旨归，在诗歌的世界里，找到了抒解痛苦心绪的依托。

二、披文以入情

宇文所安曾说，《文心雕龙·知音》是"中国传统文论关于规范的阅读过程的一个最清晰的表述，按照这种说法，阅读文本的过程与生产文本的过程正好相反，它的最终目的是'知'作家之心"①。

如何觇见"作家之心"？《吕氏春秋·本味》篇："伯牙鼓琴，钟子期听之。方鼓琴而志在泰山；钟子期曰：'善哉乎鼓琴，巍巍乎若泰山。'少选之间，而志在流水；钟子期复曰：'善哉乎鼓琴，汤汤乎若流水。'钟子期死，伯牙破琴绝弦，终身不复鼓琴。"《列子·汤问》中记："伯牙所念，钟子期必得之。子期死，伯牙绝弦，以无知音者。""念"属于作者，"得"是属于读者，两者一定要完全相应，点出了"知音"二字。

"中国文学批评的基本理念不在于掌握客观的作品文理脉络，不在于推究具体的解析，而是重在捕捉作者主观的情思意念，甚至是显证读者（或作为读者的批评）与作者的交会默契。因此，尽管刘勰从客观的艺术表现手法着眼，提出六种判断作品优劣的程序，但他所以选用'知音'一词称说文学批评活动的本质，便清楚表明他立论的重点和导向。"②"'见异唯知音'，这是刘勰对文学批评理论的一个十分重要的见解。'见异'就是要发现作家作品在思想和艺术上的独创性和不同于其他作家作品的特征所在。"③"'六观'从表面上看似乎主要是从艺术形式方面来考察的，但是实质上都和内容有不可分割的内在联系，均是由'文'以'入情'的具体途径。"④"缀文者情动而辞发，观文者披文以入

---

① 宇文所安：《中国文论：英译与评论》，上海社会科学院出版社 2003 年版，第 304 页。

② 蔡英俊：《"知音"探源——中国文学批评的基本方法》，载吕正惠、蔡英俊主编：《中国文学批评》第一辑，台湾学生书局 1992 年版，第 127-144 页。

③ 张少康：《刘勰及其〈文心雕龙〉研究》，北京大学出版社 2010 年版，第 254 页。

④ 张少康：《刘勰及其〈文心雕龙〉研究》，北京大学出版社 2010 年版，第 253 页。

情。沿波讨源，虽幽必显。"

三、务先博观

刘勰说："凡操千曲而后晓声，观千剑而后识器；故圆照之象，务先博观。阅乔岳以形培塿，酌沧波以喻畎浍，无私于轻重，不偏于憎爱，然后能平理若衡，照辞如镜矣。""凡操千曲而后晓声，观千剑而后识器"，含有多阅读、多实践、多比较的意义。"博观"，则含有多积累、多观察、多体验的意义。

为何要博观？其因有三："一是鉴赏者的性情不同，有慷慨者、蕴藉者、浮慧者、爱奇者等，对作品的格调就各有各的喜好；二是鉴赏者所站的位置不同，不能全面地把握作品，出现"东向而望，不见西墙"的情况；三是鉴赏者主观情绪的偏颇，合自己口味的就称赞，不合自己口味的就反感，各人持片面的见解，去衡量变化万端的作品。这就是所谓的"知多偏好，人莫圆该"。[①]

"发奋识遍天下字，立志读尽人间书"的苏轼曾在《稼说送张琥》中说："吾今虽欲自以为不足，而众已妄推之矣。呜呼！吾子其去此，而务学也哉！博观而约取，厚积而薄发，吾告子止于此矣。"所谓"厚积""博观"，是指广博地获取知识，丰厚地积累学养。所谓"约取"，就是慎取、精取，是在博观的基础上取其精华去其糟粕。所谓"薄发"，是在"厚积"的基础上，进行严谨阐释。"薄"不是单薄，而是凝练、精要、准确、深刻，做到"发"则中的，"发"则中肯。苏轼认为，要想做到从容"约取"与"薄发"，必须以"博观"与"厚积"为基础。"博观而约取，厚积而薄发"是有感于当时士大夫中滋长的急功近利和浅薄轻率的风气所言，指出先要博览群书，并要汲取书中的要领和精髓，从大量的知识或材料积累中提炼出精华部分再著书立说。

———————————

① 童庆炳：《〈文心雕龙〉"披文入情"说》，《上海师范大学学报》（哲学社会科学版）2009 年第 38 卷第 4 期。

《宋史·苏轼传》记载："比冠，博通经史，属文日数千言。"苏轼自己也在《李氏山房藏书记》中说："自孔子圣人，其学必始于观书"，强调读书乃治学之根本；《柳氏二外甥求笔迹》诗云"退笔成山未足珍，读书万卷始通神"；《与滕达道六十八首》之二十一中记"某闲废无所用心，专治经书。一二年间，欲了却《论语》、《书》、《易》。舍弟亦了却《春秋》、《诗》"①。苏轼以"博观而约取，厚积而薄发"为治学理念，广泛涉猎诸子百家、经史子集，使苏轼博通经史，为日后的著书立说，积累了深厚的学养。

陶渊明《赠羊长史·并序》诗云："得知千载上，正赖古人书。"朱熹的《性理精义·行宫便殿奏札二》中也曾指出："为学之道，莫先于穷理；穷理之要，必在乎读书；读书之法，莫贵乎循序而致精。"对历代各家书籍进行分析研究和借鉴，能开拓眼界，增加对人对事对文的鉴赏和分析能力。从文学角度来看，博览群书正是提高鉴赏能力的最佳途径。《文心雕龙》的《通变》篇言"先博览以精阅，总纲纪而摄契"，《事类》篇言"是以综学在博"，都强调了博观的重要性。

四、将阅文情　先标六观

《知音》"六观"说尤为突出："是以将阅文情，先标六观：一观位体，二观置辞，三观通变，四观奇正，五观事义，六观宫商。斯术既形，则优劣见矣。"范文澜注："一观位体，《体性》等篇论之；二观置辞，《丽辞》等篇论之；三观通变，《通变》等篇论之；四观奇正，《定势》等篇论之；五观事义，《事类》等篇论之；六观宫商，《声律》等篇论。大较如此，其细条当参伍错综以求之。"②指出刘勰在《文心雕龙》中详尽解说了"六观"之法。

---

① (宋)苏轼著，孔凡礼典校：《苏轼文集》，中华书局 19886 年版，第 1482 页。

② (南朝梁)刘勰著，范文澜注：《文心雕龙注》，人民文学出版社 1958 年版，第 717 页。

"一观位体"，观"位体"的意思就是根据文章的情理内容来确定文章体式，文采则运行于这个体式之中。整体上文章是否做到了"囊括情理"，是否做到了"规范本体"。"二观置辞"，与《文心雕龙》中所谈的全部修辞问题都有联系。如何积字成词、积词成句、积句成篇中的修辞问题，也属于"置辞"问题。"三观通变"，是把作品放到文学历史发展过程中去加以把握，看看这篇作品与前人的作品有何承继关系，有何独创之处。"四观奇正"，即追求奇特而不失雅正，追求华采而不失质朴。强调要以雅正之思想去驾驭奇特的文体。"五观事义"，"事义"狭义地说就是典故。考察作品如何运用典故，要"据事以类义""援古以证今"，要看它是否达到"表里相资，古今一也"的程度。"六观宫商"，"宫商"这里指文章的声律，考察作品还要看声律运用。"六观"是指作品的六个方面或六个层面，意思是考察作品要从这六个方面入手。

"六观"是鉴赏作品应有的角度或品鉴方法。除此之外，《文心雕龙》中尚有多处论及品鉴文学作品之法，如《宗经》篇有"六义"的要求："一则情深而不诡，二则风清而不杂，三则事信而不诞，四则义直而不回，五则体约而不芜，六则文丽而不淫"；《熔裁》篇有"三准"的要求："履端于始，则设情以位体；举正于中，则酌事以取类；归余于终，则撮辞以举要。"凡此种种，不一而足。

第三节 《二十四诗品》：采采流水，蓬蓬远春

《二十四诗品》为晚唐司空图所作，专论中国古代诗歌理论及美学思想。《二十四诗品》继承了道家的美学思想，以自然淡远为最高审美旨归，描述了诸多诗歌艺术风格和美学意境，并对诗歌的不同风格、境界进行分类。二十四诗品也是道所生发的二十四种美学境界。它是探讨诗歌创作，特别是诗歌美学风格问题的理论著作。它不仅形象地概括和描绘出各种诗歌风格的特点，而且从创作的角度深入探讨了各种艺术风

格的形成，对诗歌创作、评论与欣赏等方面有相当大的贡献。这就使它既为当时的诗坛所重视，也对后来产生了极大的影响，成为中国文学批评史上的经典名篇。其创新之处在于，不是论诗人及作品的优劣，而是对诗歌风格进行分类和区分；另外是摒弃传统的定义、推理、界说，用诗歌的形式，形象化的语言描述风格、类型，诉诸想象。这种用形象性很强的方法描述诗歌风格的方法被称为"摹神取象"。

《二十四诗品》专谈诗的风格问题，在中国古代文学理论批评中，"风格"多称为"体"。司空图在刘勰等前人探讨的基础上加以综合提升，将诗的风格细分为二十四种，即：雄浑、冲淡、纤秾、沉着、高古、典雅、洗炼、劲健、绮丽、自然、含蓄、豪放、精神、缜密、疏野、清奇、委曲、实境、悲慨、形容、超诣、飘逸、旷达、流动。每种都以十二句四言诗加以说明，形式整饬。《四库全书总目提要》称之为"诸体毕备，不主一格"。《二十四诗品》论风格的最大特点，便是着眼于各种风格的意境，而不注重它们形成的要素与方法。作者用诗的语言，为各种风格描绘出一幅幅意境，对这种风格的创造方法则在行文中略加点拨。有的通篇是感性的形象画面，而毫不作理性的逻辑分析。

诗品的"品"可作"品类"解，即二十四类；也可作"品味"解，即对各种风格加以玩味。司空图好以"味"论诗。他在《与李生论诗》中说："愚以为辨于味而后可以言诗也。"他要求诗应有"味外之味"。所谓"味外之味"，便是"韵外之致""象外之象""景外之景"，也就是具体的艺术形象所引发出的联想、想象、美感的无限性。

一、俱道适往，著手成春

"自然"是中国古代文学创作中最高的审美境界，它以道家倡导的任乎自然，反对人为为基础，刘勰《文心雕龙·原道》说："云霞雕色，有逾画工之妙；草木贲华，无待锦匠之奇；夫岂外饰，盖自然耳。"自然也是司空图对于诗歌审美的基本要求，是融贯于二十四诗品中的主要诗歌思想。①《二十四诗品》论风格贯穿着这种艺术喜好。《自然》云"俯拾即是，不取诸邻。俱道适往，着手成春。如逢花开，如瞻岁新。真与不夺，强得易贫。幽人空山，过雨采苹。薄言情悟，悠悠天钧"。此则虽是认为自然是一种风格，但是通观《二十四诗品》全文，凡论及诗文，无论平奇浓淡，总以自然为贵，自然即是司空图默认的诗歌各种风格的总体要求。

如《雄浑》："大用外腓，真体内充。反虚入浑，积健为雄。具备万物，横绝太空。荒荒油云，寥寥长风。超以象外，得其环中。持之匪强，来之无穷。""真体"者，是得道之体，合乎自然之道之体。"浑"是自然之道的状态，"虚"是自然之道的特征。《老子》中说："有物混成先天地生。寂兮寥兮，独立而不改，周行而不殆，可以为天下母。"《庄子·人间世》："气也者，虚而待物者也。唯道集虚。虚者，心斋也。""荒荒油云，寥寥长风"雄浑至极，却又浑沦一气，无边无际，自在飘忽，全不落痕迹，这正是自然之道的体现。苏轼有言："吾文如万斛泉源，不择地皆可出。在平地，滔滔汩汩，虽一日千里无难。及其与山石曲折，随物赋形，而不可知也。所可知者，常行于所当行，常止于不可不止，如是而已矣！其他，虽吾亦不能知也"，亦是此意也。《含蓄》中的"不着一字，尽得风流"，《形容》中的"离形得似，庶几斯人"等，则是要求诗自然而不做作，情感真挚而不矫情，信手而得，不可力强而致。

《疏野》"惟性所宅，真取不羁。控物自富，与率为期。筑室松下，脱帽看诗。但知旦暮，不辨何时。倘然适意，岂必有为。若其天放，如是得之"。诗人听任性情，真率而不受羁绊地随心所欲，从而自然满足，即为"控物自富，与率为期"。诗人与外物之应答之中，获得自然满足，心有所感，发之于口手而成诗，尽情尽性，畅然适意，并非刻意，岂有无为。这正是无为之意，率性不仅是内心的感受，也是行为的

---

① 罗仲鼎：《〈诗品〉今析》，江苏人民出版社 1983 年版，第 84 页。

体现。"筑室松下，脱帽看诗"。当诗人以无为自然的人生态度去处世行事，便可进入"天放"的境界，"若其天放，如是得之"。

《纤秾》："采采流水，蓬蓬远春。窈窕深谷，时见美人。碧桃满树，风日水滨。柳阴路曲，流莺比邻。乘之愈往，识之愈真。如将不尽，与古为新。"闪动的流水鲜明耀眼，无边的阳春繁花烂漫。在幽静的山谷里，又有美人出现，碧桃的花满树争艳，随着和风摇曳在水边。柳荫掩映，小路弯弯，群莺软语，接连不断。作品越是深入这样的纤秾情景，就越能写得真切自然。适时探究，永不停步，就会和历代佳作同样新鲜。《沉着》："绿杉野屋，落日气清，脱巾独步，时闻鸟声。"况周颐在《蕙风词话》中说："平昔求词于词外，于性情得所养，于书卷观其通。优而游之，餍而饫之，积而流焉。所谓满心而发，肆口而成，掷地作金石声矣。情真理足，笔力能包举之。纯任自然，不假锤炼，则沉着二字之诠释也。"王维《终南别业》："中岁颇好道，晚家南山陲。兴来每独往，胜事空自知。行到水穷处，坐看云起时。偶然值林叟，谈笑无还期。"纯任自然，不假锤炼。

《实境》"取语甚直，计思匪深。忽逢幽人，如见道心。清涧之曲，碧松之阴。一客荷樵，一客听琴。情性所至，妙不自寻。遇之自天，泠然希音"中"情性所至，妙不自寻"要求是诗人在心物相应、灵感萌发的刹那间，抓住眼前涌现的场景，真切地把它描写出来。苏轼《腊月游孤山访惠勤惠思二僧》"作诗火急追亡逋，清景一失后难摹"。王维《山居秋暝》"明月松间照，清泉石上流"即是妙不自寻。

二、素处以默，虚伫神素

《冲淡》："素处以默，妙机其微。饮之太和，独鹤与飞。犹之惠风，荏苒在衣。阅音修篁，美曰载归。遇之匪深，即之愈希。脱有形似，握手已违。"这是一段对于诗人创作准备的理解，诗人要素处以默，意指身处安静之所在，但光有外在环境的静还不够，还要清心寡欲，宁静淡泊。素，虚也。即老子所云之"见素抱朴，少私寡欲"，庄子所云之"同乎无知,其德不离;同乎无欲,是谓素朴,素朴而民性得矣"。(《庄子·马蹄》)《二十四诗品》认为诗人为诗之前最好的准备便是保持虚静的状态,如此才可体会微妙的道——妙机其微。虽然这则是在《冲淡》篇所说,但是并非是仅写冲淡风格诗作的准备,应是作者对诗歌创作主体论的精准认知。

"素处以默""同乎无欲,是谓素朴""妙机其微"是说由虚静则可以自然而然地洞察一切微妙的变化。"犹之惠风,荏苒在衣。阅音修篁,美曰载归",春风吹拂衣襟,轻轻飘荡。它吹过幽深竹林,风声如同天籁,诗人便在这让人心旷神怡的境界里,神思飞扬。陆时雍《诗境总论》中说:"每事过求,则当前妙境,忽而不领。古人谓眼前景致,口头语言,便是诗家体料","绝去形容,独标真素,此诗家最上一乘"。

三、不着一字,尽得风流

《含蓄》:"不着一字,尽得风流。语不涉难,已不堪忧。是有真宰,与之沉浮。如渌满酒,花时返秋。悠悠空尘,忽忽海沤。浅深聚散,万取一收。""含蓄"也是中国古代意境的主要美学特征,《论语》有云:"关雎,乐而不淫,哀而不伤。"指出自《诗》始,中国诗歌的情感表达便是含蓄而克制的。"不着一字,尽得风流"讲求的是"含不尽之意于言外"的表达效果。王昌龄《长信秋词》:"奉帚平明金殿开,且将团扇共徘徊。玉颜不及寒鸦色,犹带昭阳日影来",诗中未有一言及怨,而失宠宫女的坐愁红颜老的哀怨尽在言词之外。

李白《山中问答》:"问余何意栖碧山,笑而不答心自闲。桃花流水窅然去,别有天地非人间。"杜甫《秋兴八首其一》中"江间波涛兼天涌,塞上风云接地阴",大江、风云,波云诡谲,在物象之外,时局的紧张,诗人的心潮起伏、忧郁痛苦都蕴于此诗句之中。

苏轼《评韩柳诗》:"所贵乎枯淡者,谓其外枯而中膏,似淡而实美。渊明、子厚之流是也,"苏辙《追和陶渊明诗引》中引苏轼语:"渊明作诗不多,然其诗质而实绮,癯而实腴,自曹、刘、鲍、谢、李、杜诸人，皆莫及也。"

司空图《与李生论诗书》中说的"韵外之致，味外之旨""离形得似，庶几斯人"也指的是含蓄。

第四节　《人间词话》：出乎其外，故能观之

1927 年 6 月，王国维留下"经此世变，义无再辱"的遗书，投颐和园昆明湖自尽。王国维在《人间词话》里曾谈到三大境界：古今之成大事业、大学问者，必经过三种境界："昨夜西风凋碧树。独上高楼，望尽天涯路。"此第一境也。"衣带渐宽终不悔，为伊消得人憔悴。"此第二境也。"众里寻他千百度，蓦然回首，那人却在，灯火阑珊处。"此第三境也。此等语皆非大词人不能道。此语一直为称道，被认为是人生的三大境界，但是细细审之，大师所谓的境界乃是相对于"成大事业，大学问者"而言，求事业、学问伊始的困惑不知所措之苦痛，其后的呕心沥血执著忍耐之艰辛，终结时的参透顿悟、已入门中的喜悦与释然，描述得贴切又无比精妙。

王国维被认为是"维新变法式的人物"，《人间词话》是中国美学史上里程碑式的作品，构建了词学领域的理论体系。前人诗话词话多如牛毛，《人间词话》与中国相袭已久之诗话、词话一类作品之体例，格式，并无显著的差别，实际上，它已初具理论体系，在旧诗词论著中，称得上一部特殊的作品。甚至在以往词论界里，许多人把它奉为圭臬，把它的论点作为词学、美学的根据，影响深远。王国维的《人间词话》是晚清以来最有影响的著作之一。

"词以境界为上"，傲娇的王国维自负地认为严羽《沧浪诗话》中的"兴趣说""妙悟说"和王士禛的"神韵说"都"不若鄙人拈出'境界'二字"。境从情与景来看有有我之境、无我之境之分；从艺术鉴赏来看有隔与不隔之分；从创作手法的角度来看有写境与造境之分；从审美标准来看有真与不真之分。

一、有我之境与无我之境

自《诗经》始，景便是传情达意的最佳载体，刘勰在《文心雕龙·神思》中云"登山则情满于山，观海则意溢于海"，发言为声时，情与景便再不可分。"桃之夭夭，灼灼其华"联想了婚嫁时喜庆场面，"昔我往矣，杨柳依依。今我来思，雨雪霏霏"，老兵多年前离家时的难舍难离，九死一生，返乡时的焦灼与失落表达如此婉转有致。可谓有境界。可是从物我相融的角度来看，境也有区别——有我之境与无我之境。

王国维认为欧阳修《蝶恋花》"泪眼问花花不语，乱红飞过秋千去"和秦观《踏莎行》"可堪孤馆闭春寒，杜鹃声里斜阳暮"为有我之境，而陶渊明《饮酒》"采菊东篱下，悠然见南山"和元好问《颖亭留别》"寒波澹澹起，白鸟悠悠下"则是无我之境。"有我之境，以我观物，故物皆著我之色彩。无我之境，以物观物，故不知何者为我，何者为物。古人为词，写有我之境者多，然未始不能写无我之境。此在豪杰之士能自树立耳。"又说："无我之境，人惟于静中得之；有我之境，于由动之静时得之。故一优美一宏壮也。"

"有我""无我"主要是从主体的情感状态表达的显隐来区分。"有我之境"中主体的情感状态调动得较为充分，表达得也比较情绪化，具有丰富的情感色彩和渲染意味，所以一般呈现为"宏壮"的境界。有我之境所营造的境界有明显的主观色彩，"泪眼问花花不语"，人的泪眼婆娑，感情外露，让花也忧伤得默然不语，创作主体悲伤和忧愁的情感在人与花之间流转。而"无我之境"则显示主体的情感表达得较为深曲，心态较为平和，所以一般呈现为"优美"的境界。主观色彩较为隐晦，创作主体的情感被融入客体所营造的意境中。陶渊明的诗句中的菊与南山无须欣喜地表白，我们也能从采菊与目遇南山中体会到悠闲自得，物我两忘的诗人情绪。但"无我之境"之中也并非真的无我，没有主观情感，而是需要更多的体悟与意会才能感受到深藏于景物之中的情感，这种情感并不直观，但是品味出来，足以令读者动容，更添了些许阅读的快意。

由此，我与物化而为一的"无我之境"似乎在创作技巧上更为高明，是一种物我两忘，浑然一体的高妙"境界"。

二、语语都在目前，便是不隔

钱锺书在《论不隔》在谈到翻译与原文关系时谈到了王国维的隔与不隔：不隔离着什么东西呢？在艺术化的翻译里，当然指跟原文的风度不隔，安诺德已说得极明白了，同样，在翻译化的艺术里，"不隔"也得假设一个类似于翻译的原文的东西。这个东西便是作者所想传达给读者的情感、境界或事物，按照"不隔"说讲，假使作者的艺术能使读者对于这许多情感、境界或事物得到一个清晰的，正确的，不含糊的印象，像水中印月，不同于雾里看花，那么，这个作者的艺术已能满足"不隔"的条件：王氏所谓"语语都在目前，便是不隔"，所以，王氏反对用空泛的词藻，因为空泛的词藻是用来障隔和遮掩的，仿佛亚当和夏娃的树叶，又像照相馆中的衣服，是人人可穿用的，没有特殊的个性，没有显明的轮廓（Contour）。王氏说："词忌用替代字，美成《解语花》之'桂华流瓦'，境界极妙，借以'桂华'二字代'月'耳！"又说："沈伯时《乐府指迷》云：'说桃不可直说破"桃"，须用"红雨""刘郎"等字；说柳不可直说破"柳"，须用"章台""霸岸"等字'，若惟恐人不用代字者。果以是为工，则古今类书具在，又安用词为耶？"但是，"不隔"若只指不用肤廓的词头套语和陈腐的典故而说，那么，一个很圆满的理论便弄得狭小、偏僻了，并且也够不上什么"新见"或"创见"了。我们还没有忘掉钟嵘《诗品·序》里的话："吟咏情性，亦何贵于用事？'思君如流水'，既是即目；'高台多悲风'，亦惟所见；'清晨登陇首'，羌无故实；'明月照积雪'，讵出经史？观古今胜语，多非补假，皆由直寻。"

隔与不隔是从审美鉴赏和艺术评论的角度谈论的。王国维认为只要有诗人真实、直接的生活体验，只要"以自然之眼观物，以自然之舌言情"，就能"语语都在目前，便是不隔"。就是说，表现自己真实的情感，在言辞表达上自然流转，就能亲切动人，令人毫无阻碍地接受、欣赏。此谓不隔。相反，如果在创作中感情虚浮矫饰，为赋新词强说愁，遣词造句上过度造作，使用一些"代字、隶事、游词"等或复杂难解或浮夸不实的语言，就会伤害艺术形象的生命力，减弱审美的真切感，给人以"隔"的感觉，在接受、欣赏的过程中有所阻碍，王国维把这种称为隔，形容为"雾里看花"。

朱光潜说："隔与不隔的分别就从情趣和意象的关系上见出。情趣与意象恰相熨贴，使人见到意象，便感到情趣，便是不隔。意象模糊零乱或空洞，情趣浅薄或粗疏，不能在读者心中现出明了深刻的境界，便是隔。"①

"池塘生春草"，"空梁落燕泥"等二句，妙处唯在不隔。词亦如是。即以一人一词论，如欧阳公《少年游·咏春草》上半阕云："阑干十二独凭春，晴碧远连云。千里万里，二月三月，行色苦愁人。"语语都在目前，便是不隔。至云"谢家池上，江淹浦畔"，则隔矣。白石《翠楼吟》："此地，宜有词仙，拥素云黄鹤，与君游戏。玉梯凝望久，叹芳草萋萋千里。"便是不隔。至"仗酒祓清愁，花消英气"，则隔矣。然南宋词虽不隔处，比之前人，自有浅深厚薄之别。

三、写境与造境

"有造境，有写境，此理想与写实二派之所由分。""写境"是写实的手法，把自己的所见所闻，身之所处忠实地反映出来的意境，取之于自然。而"造境"则是可以通过虚构夸张的艺术手法创造出来的意境。"自然中之物，互相限制。然其写之于文学及美术中也，必遗其关系，限制之处。故虽写实家，亦理想家也。又虽如何虚构之境，其材料必求之于自然，而其构造，变必从自然之法则。故虽理想家，亦写实家也。""理想"的"造境"并不优于"写实"的"写境"，两者也是不可分割的。大诗

---

① 朱光潜：《诗论》，安徽教育出版社 1997 年版，第 47 页。

人"造境""必合乎自然"，"写境"则"必邻于理想"，虽然"颇难分别"，但都要"必求之于自然"从自然之法则。

由此，"造境"与"写境"的不同只是因为他们表达的内容侧重点和表现手法不同而已。这正是"造境"重"理想"，"写境"重"写实"。

四、真与不真

"故能写真景物、真感情者，谓之有境界。否则谓之无境界。""真"是境界的最低、也是最高的要求，是其"境界"说的生命。"真"在此处分为两种，一是"真景物"，一是"真感情"。由此得出境界的必备两要素，一是景物，一是感情，二者不可或缺。"大家之作，其言情也必沁人心脾，其写景也必豁人耳目。其辞脱口而出，无娇柔装束之态。以其所见者真，所知者深也。持此以衡古今之作者，百不失一。"

王国维的"真"并不停留在前人的"真"只是真景、真情的层面上，他认为"真景物"必"求之自然"，"豁人耳目"，再通过诗人的"生发"而"脱口而出"，并且"无娇柔装束之态"，才能体现景物的"真"，"红杏枝头春意闹"的"闹"字能使"境界全出"，就在于诗人"生发"体现了景物的内在特点。《牡丹亭》中"梦回莺啭，乱煞年光遍"，春天的莺声惊醒迷梦，到处是撩乱人心的春光。春天花开鸟鸣，姹紫嫣红，莺声流转，是何等纷纷然，此为真景，而"乱煞"被春光撩拨得春心荡漾的少女心情也是"真情"。《人间嗜好之研究》中"真正之大诗人，则又以人类之感情为其一己之感情"。《文学小言》中赞屈原"感自己之感，言自己之言"。王国维所说的"真感情"已经被上升到"人类之感情"的高度。

《论语》中说："诗三百，一言以蔽之，曰：思无邪。"郑风卫风的情歌，孔子也认为是无邪，因其真挚。王国维对于这种看法亦是认同的。"须做一生拼，尽君今日欢""换我心，为你心，始知相忆深。"这种形式上看来粗鄙，情感不加遏制的"艳语"，在王国维看来也是"雅郑"的，他说："词之雅郑，在神不在貌"，只要能表现"真景物、真感情"，即使"淫鄙之尤"也并不为过。

参 考 文 献

一、古代典籍

[1](清)阮元校刻：《十三经注疏：清嘉庆刊本》，中华书局 2009 年版；

[2](魏)王弼注，(唐)孔颖达疏：《周易正义》，中华书局 1980 年版；

[3](唐)陆德明：《周易释文》，中华书局 1980 年版；

[4](唐)李鼎祚：《周易集解》，巴蜀书社 1991 年版；

[5](宋)朱熹著，苏勇校注：《周易本义》，北京大学出版社 1992 年版；

[6](明)来知德，张万彬点校：《周易集注》，九州出版社 2004 年版；

[7]高亨：《周易大传今注》，齐鲁书社 1998 年版；

[8]黄寿祺、张善文：《周易译注》，上海古籍出版社 1992 年版；

[9]陈鼓应、赵建伟：《周易今注今译》，商务印书馆 2005 年版；

[10](清)孙诒让：《周礼正义》，中华书局 1987 年版；

[11](清)王夫之，王孝鱼点校：《尚书引义》，中华书局 2009 年版；

[12](清)孙希旦：《礼记集解》，中华书局 1989 年版；

[13](三国吴)韦昭注：《国语》，上海古籍出版社 2008 年版；

[14]徐元诰、王树民等点校：《国语集解》，中华书局 2002 年版；

[15]王卡点校：《老子道德经河上公章句》，中华书局 1993 年版；

[16]陈鼓应：《老子注译及评介》，中华书局 1984 年版；

[17](清)刘宝楠：《论语正义》，中华书局 1990 年版；

[18]杨伯峻：《论语译注》，中华书局 1980 年版；

[19](清)郭庆藩：《庄子集释》，中华书局 1961 年版；

［20］陈鼓应：《庄子今注今译》，商务印书馆 2007 年版；

［21］（清）王先慎：《韩非子集解》，中华书局 1998 年版；

［22］（清）王先谦：《荀子集解》，中华书局 1988 年版；

［23］岳阳注译：《鬼谷子》，中州古籍出版社 2008 年，

［24］杨伯峻：《列子集释》，中华书局 2013 年版；

［25］吴毓江：《墨子校注》，中华书局 2006 年版；

［26］屈原、宋玉等著，吴广平注译：《楚辞》，岳麓书社，2001 年版；

［27］苏舆、钟哲：《春秋繁露义证》，中华书局 1992 年版；

［28］（汉）司马迁：《史记》，岳麓书社，1998 年版；

［29］（汉）王逸：《楚辞章句补注·楚辞集注》，岳麓书社，2013 年版；

［30］刘文典：《淮南鸿烈集解》，中华书局 2013 年版；

［31］张宗祥：《论衡校注》，上海古籍出版社 2010 年版；

［32］（汉）班固撰，（唐）颜师古注：《汉书》，中华书局 2000 年版；

［33］楼宇烈：《王弼集校释》，中华书局 1980 年版；

［34］（北魏）郦道元著，史念林等注译：《水经注》，华夏出版社 2006
　　年版；

［35］余嘉锡：《世说新语笺疏》，中华书局 2007 年版；

［36］陈志平、熊清疏证校注：《金楼子疏证校注》，上海古籍出版社
　　2014 年版；

［37］（梁）萧统编，（唐）李善注：《文选》，岳麓书社，2002 年版；

［38］（晋）郭璞注，谭承耕校点：《山海经》，岳麓书社，1992 年版；

［39］范文澜：《文心雕龙注》，人民文学出版社 1958 年版；

［40］杨明照：《增订文心雕龙校注》，中华书局 2000 年版；

［41］张少康：《文赋集释》，人民文学出版社 2002 年版；

［42］周振甫：《诗品译注》，中华书局 1998 年版；

［43］（清）严可均校辑：《全上古三代秦汉三国六朝文》，中华书局 1958
　　年版；

［44］（唐）刘知幾，黄寿成校点：《史通》，辽宁教育出版社 1997 年版；

[45]（唐）张彦远：《历代名画记》，中华书局1985年版；

[46]（宋）郭熙著，周远斌点校纂注：《林泉高致》，山东画报出版社
　　2010年版；

[47]（清）永瑢等编：《四库全书总目》，中华书局1965；

[48]（清）王夫之：《船山全书》，岳麓书社，1996年版；

[49]（清）皮锡瑞：《经学历史》，中华书局1959年版；

[50]（清）章学诚，叶瑛校注：《文史通义校注》，中华书局1994年版。

二、今人著述

[1]陈中凡：《中国文学批评史》，上海中华书局1927年版；

[2]夏曾佑：《中国古代史》，生活·读书·新知三联书店1955年版；

[3]侯外庐：《中国思想通史》，人民出版社1957年版；

[4]鲁迅：《中国小说史略》，人民出版社1958年版；

[5]郭沫若：《中国古代社会研究》，人民出版社1964年版；

[6]郭宝钧：《中国青铜器时代》，生活·读书·新知三联书店1977
　　年版；

[7]李镜池：《周易探源》，中华书局1978年版；

[8]钱锺书：《管锥编》，中华书局1979年版；

[9]郭绍虞主编：《中国历代文论选》，上海古籍出版社1980年版；

[10]宗白华：《美学散步》，上海人民出版社1981年版；

[11]张岱年：《中国哲学大纲》，中国社会科学出版社1982年版；

[12]沈有鼎：《墨经的逻辑学》，中国社会科学出版社1982年版；

[13]任继愈主编：《中国哲学发展史》（先秦卷），人民出版社1983
　　年版；

[14]汤一介：《郭象与魏晋玄学》，湖北人民出版社1983年版；

[15]金景芳：《古史论集》，齐鲁书社，1983年版；

[16]于民：《春秋前审美观念的发展》，中华书局1984年版；

[17]余英时：《从价值系统看中国文化的现代意义：中国文化与现代生

活总论》，台北时报文化出版公司，1985 年版；

[18]冯友兰：《中国哲学简史》，北京大学出版社 1985 年版；

[19]叶朗：《中国美学史大纲》，上海人民出版社 1985 年版；

[20]李泽厚：《中国古代思想史论》，人民出版社 1986 年版；

[21]朱伯昆：《易学哲学史》，北京大学出版社 1986 年版；

[22]李泽厚、刘纲纪主编：《中国美学史》，中国社会科学出版社 1987
    年版；

[23]徐复观：《中国艺术精神》，春风文艺出版社 1987 年版；

[24]赵霈林：《兴的起源——历史积淀与诗歌艺术》，中国社会科学出
    版社 1987 年版；

[25]胡经之主编；《中国古典美学丛编》，中华书局 1988 年版；

[26]林毓生：《中国传统的创造性转化》，生活·读书·新知三联书店
    1988 年版；

[27]成中英：《中国文化的现代化与世界化》，中国和平出版社 1988
    年版；

[28]张岱年、姜广辉：《中国文化传统简论》，浙江人民出版社 1989
    年版；

[29]康殷：《古文字形发微》，北京出版社 1990 年版；

[30]刘长林：《中国系统思维》，中国社会科学出版社 1990 年版；

[31]李存山：《中国气论探源与发微》，中国社会科学出版社 1990
    年版；

[32]张岱年、成中英等：《中国思维偏向》，中国社会科学出版社 1991
    年版；

[33]黄药眠、童庆炳主编：《中西比较诗学体系》，人民文学出版社
    1991 年版；

[34]王梦鸥：《古典文学的奥秘——文心雕龙》，三环出版社 1992
    年版；

[35]叶维廉：《中国诗学》，生活·读书·新知三联书店 1992 年版；

[36]李宗桂：《文化批判与文化重构——中国文化出路探讨》，陕西人民出版社 1992 年版；

[37]李明华：《时代演进与价值选择——中国价值观探讨》，陕西人民出版社 1992 年版；

[38]成复旺：《中国古代的人学与美学》，中国人民大学出版社 1992 年版；

[39]李建中：《心哉美矣：汉魏六朝文心流变史》，文史哲出版社 1993 年版；

[40]马良怀：《崩溃与重建中的困惑：魏晋风度研究》，中国社会科学出版社 1993 年版；

[41]李炳海：《周易文艺思想概观》，东北师范大学出版社 1993 年版；

[42]冯天瑜：《中华元典精神》，上海人民出版社 1994 年版；

[43]李廉：《周易的思维与逻辑》，安徽人民出版社 1994 年版；

[44]陶东风：《文体演变及其文化意义》，云南人民出版社 1994 年版；

[45]张海明：《经与纬的交结：中国古代文艺学范畴论要》，云南人民出版社 1994 年版；

[46]钟仕伦：《南北文化与美学思潮》，四川大学出版社 1995 年版；

[47]臧克和：《说文解字的文化说解》，湖北人民出版社 1995 年版；

[48]陈来：《古代宗教与伦理：儒家思想的根源》，生活·读书·新知三联书店 1996 年版；

[49]辜鸿铭：《中国人的精神》，海南出版社 1996 年版；

[50]胡适：《中国哲学史大纲》，上海古籍出版社 1997 年版；

[51]王树人：《传统智慧再发现》，作家出版社 1997 年版；

[52]刘纲纪、范明华：《易学与美学》，沈阳出版社 1997 年版；

[53]李建中：《魏晋文学与魏晋人格》，湖北教育出版社 1998 年版；

[54]李泽厚：《论语今读》，安徽文艺出版社 1998 年版；

[55]余虹：《中国文论与西方诗学》，生活·读书·新知三联书店 1999 年版；

[56]陈良运：《周易与中国文学》，百花洲文艺出版社1999年版；

[57]郭绍虞：《中国文学批评史》，百花文艺出版社1999年版；

[58]庞朴：《当代学者自选文库：庞朴卷》，安徽教育出版社1999年版；

[59]饶宗颐：《符号·初文与字母——汉字树》，上海书店出版社2000年版；

[60]刘泽华：《中国的王权主义》，上海人民出版社2000年版；

[61]汤一介：《郭象与魏晋玄学》（增订本），北京大学出版社2000年版；

[62]郭绍虞主编：《中国历代文论选》，上海古籍出版社2001年版；

[63]李泽厚：《美的历程》，天津社会科学院出版社2001年版；

[64]黄亚平、孟华：《汉字符号学》，上海古籍出版社2001年版；

[65]王国维：《观堂集林》（外二种），河北教育出版社2001年版；

[66]葛兆光：《中国思想史》，复旦大学出版社2001年版；

[67]陈来：《古代思想文化的世界——春秋时代的宗教、伦理与社会思想》，生活·读书·新知三联书店2002年版；

[68]梁一儒、户晓辉、宫承波：《中国人审美心理研究》，山东人民出版社2002年版；

[69]陈来：《古代思想文化的世界——春秋时代的宗教、伦理与社会思想》，生活·读书·新知三联书店2002年版；

[70]李建中：《玄学与魏晋社会》，河北人民出版社2003年版；

[71]陈望衡：《当代美学原理》，人民出版社2003年版；

[72]张法：《中国艺术：历程与精神》，中国人民大学出版社2003年版；

[73]余英时：《士与中国文化》，上海人民出版社2003年版；

[74]余英时：《中国传统思想的现代诠释》，江苏人民出版社2003年版；

[75]康中乾：《有无之辨——魏晋玄学本体思想再解读》，人民出版社2003年版；

[76]方同义:《中国智慧的精神:从天人之际到道术之间》,人民出版社 2003 年版;

[77]周裕锴:《中国古代阐释学研究》,上海人民出版社 2003 年版;

[78]罗宗强:《玄学与魏晋士人心态》,南开大学出版社 2003 年版;

[79]李冬君:《孔子圣化与儒者革命》,中国人民大学出版社 2004 年版;

[80]徐复观:《中国文学精神》,上海书店出版社 2004 年版;

[81]李建中:《古代文论的诗性空间》,湖北人民出版社 2005 年版;

[82]张荣翼:《冲突与重建——全球化语境中的中国文学理论问题》,武汉大学出版社 2005 年版;

[83]叶舒宪:《诗经的文化阐释》,陕西人民出版社 2005 年版;

[84]于雪棠:《〈周易〉与中国上古文学》,北京师范大学出版社 2005 年版;

[85]左民安:《细说汉字——1000 个汉字的起源与演变》,九州出版,2005 年版;

[86]梁漱溟:《中国文化要义》,上海人民出版社 2005 年版;

[87]钱穆:《先秦诸子系年》,商务印书馆 2005 年版;

[88]朱光潜:《文艺心理学》,复旦大学出版社 2005 年版;

[89]李春青:《在文本与历史之间——中国古代诗学意义生成模式探微》,北京大学出版社 2005 年版;

[90]徐复观:《中国人性论史》(先秦篇),华东师范大学出版社 2005 年版;

[91]张立文主编:《和境——易学与中国文化》,人民出版社 2005 年版;

[92]陶东风主编:《文化研究关键词丛书》,广西师范大学出版社 2005 年版;

[93]高文强:《佛教与永明文学批评》,湖北教育出版社 2006 年版;

[94]徐中舒主编:《甲骨文字典》,四川辞书出版社 2006 年版;

［95］罗宗强：《魏晋南北朝文学思想史》，中华书局 2006 年版；

［96］侯敏：《易象论》，北京大学出版社 2006 年版；

［97］陈来：《传统与现代：人文主义的视野》，北京大学出版社 2006 年版；

［98］唐君毅：《中国文化之精神价值》，江苏教育出版社 2006 年版；

［99］陈炎：《多维视野中的儒家文化》，山东教育出版社 2006 年版；

［100］王振复主编：《中国美学范畴史》，山西教育出版社 2006 年版；

［101］王振复：《大易之美：周易的美学智慧》，北京大学出版社 2006 年版；

［102］成中英：《易学本体论》，北京大学出版社 2006 年版；

［103］刘士林：《中国诗学精神》，海南出版社 2006 年版；

［104］黄朝阳：《中国古代思维的模拟》，社会科学文献出版社 2006 年版；

［105］刘大杰：《中国文学发展史》，复旦大学出版社 2006 年版；

［106］罗宗强：《读文心雕龙手记》，生活·读书·新知三联书店 2007 年版；

［107］李建中：《中国古代文论诗性特征研究》，武汉大学出版社 2007 年版；

［108］王元化：《读文心雕龙》，新星出版社 2007 年版；

［109］陈书良：《〈文心雕龙〉释名》，湖南人民出版社 2007 年版；

［110］周宪：《文化研究关键词》，北京师范大学出版社 2007 年版；

［111］王晓路：《文化批评关键词研究》，北京大学出版社 2007 年版；

［112］王运熙、顾易生：《中国文学批评通史》，上海古籍出版社 2007 年版；

［113］钱锺书：《管锥编》，生活·读书·新知三联书店 2007 年版；

［114］杨明照：《杨明照论文心雕龙》，上海科学技术文献出版社 2008 年版；

［115］李泽厚：《美的历程》，天津社会科学院出版社 2008 年版；

［116］许钦彬：《易学与汉语关系论稿》，齐鲁书社 2008 年版；

［117］郭齐勇：《中国哲学智慧的探索》，中华书局 2008 年版；

［118］江山：《中国文化的沉思与重建》，台北江山出版社 2008 年版；

［119］刘怀荣：《周汉诗学与文学思想研究》，中国社会科学出版社 2008
年版；

［120］冯黎明：《走向全球化：论西方现代文论在当代中国文学理论界
的传播与影响》，中国社会科学出版社 2009 年版；

［121］朱自清：《朱自清讲国学》，华文出版社 2009 年版；

［122］王祥之：《图解汉字起源》，北京大学出版社 2009 年版；

［123］沈志权：《〈周易〉与中国文学的形成》，浙江大学出版社 2009
年版；

［124］施旭升：《中外艺术关键词》，江苏人民出版社 2009 年版；

［125］李建中：《魏晋人：弄狂以流悲》，东方出版社 2011 年版；

［126］张锡坤、姜勇：《周易经传美学通论》，生活·读书·新知三联书
店 2011 年版；

［127］赵毅衡：《符号学原理与推演》，南京大学出版社 2011 年版；

［128］高文强：《东晋南朝文人接受佛教研究》，中国社会科学出版社
2012 年版；

［129］华东师范大学古籍整理研究室：《历代书法论文选》，上海书画出
版社 2012 年版；

［130］蔡锺翔：《美在自然》，百花洲文艺出版社 2012 年版；

［131］邓国光：《〈文心雕龙〉文理研究——以孔子、屈原为枢纽轴心的
要义》，上海古籍出版社 2012 年版；

［132］王树人：《回归原创之思——"象思维"视野下的中国智慧》，江
苏人民出版社 2012 年版；

［133］陈水云：《中国古典诗学的还原与阐释》，中国社会科学出版社
2013 年版；

[134] 汪裕雄:《审美意象学》,人民出版社 2013 年版;

[135] 汪裕雄:《意象探源》,人民出版社 2013 年版;

[136] 徐瑞:《〈周易〉符号学概论》,上海科学技术文献出版社 2013
年版。